他人的力量

如何寻求受益一生的人际关系

[美] 亨利·克劳德（Henry Cloud） ◎著 邹东 ◎译

THE POWER OF THE OTHER

The Startling Effect Other People Have on You,
from the Boardroom to the Bedroom and Beyond-and What to Do About It

机械工业出版社
CHINA MACHINE PRESS

图书在版编目（CIP）数据

他人的力量：如何寻求受益一生的人际关系 /（美）亨利·克劳德（Henry Cloud）著；邹东译 . —北京：机械工业出版社，2017.10（2025.5 重印）

书名原文：The Power of the Other: The Startling Effect Other People Have on You, from the Boardroom to the Bedroom and Beyond-and What to Do About It

ISBN 978-7-111-58189-5

I. 他… II. ①亨… ②邹… III. 人际关系 – 通俗读物 IV. C912.11-49

中国版本图书馆 CIP 数据核字（2017）第 246288 号

北京市版权局著作权合同登记　图字：01-2017-3839 号。

Henry Cloud. The Power of the Other: The Startling Effect Other People Have on You, from the Boardroom to the Bedroom and Beyond-and What to Do About It.

Copyright © 2016 by Dr.Henry Cloud.

Simplified Chinese Translation Copyright © 2018 by China Machine Press.

Simplified Chinese translation rights arranged with HarperBusiness Press through Bardon-Chinese Media Agency. This edition is authorized for sale in the Chinese mainland (excluding Hong Kong SAR, Macao SAR and Taiwan).

No part of this book may be reproduced or transmitted in any form or by any means, electronic or mechanical, including photocopying, recording or any information storage and retrieval system, without permission, in writing, from the publisher.

All rights reserved.

本书中文简体字版由 HarperBusiness Press 通过 Bardon-Chinese Media Agency 授权机械工业出版社在中国大陆地区（不包括香港、澳门特别行政区及台湾地区）独家出版发行。未经出版者书面许可，不得以任何方式抄袭、复制或节录本书中的任何部分。

他人的力量：如何寻求受益一生的人际关系

出版发行：机械工业出版社（北京市西城区百万庄大街 22 号　邮政编码：100037）
责任编辑：陈　慧　王钦福
责任校对：殷　虹
印　　刷：保定市中画美凯印刷有限公司
版　　次：2025 年 5 月第 1 版第 20 次印刷
开　　本：147mm×210mm　1/32
印　　张：7.25
书　　号：ISBN 978-7-111-58189-5
定　　价：59.00 元

客服电话：（010）88361066　68326294

版权所有·侵权必究
封底无防伪标均为盗版

目录

第1章 被忽视的真相：他人的力量 / 1

你的表现有多好，不仅仅取决于你的技能和本领如何，还取决于谁同你一起做或者谁对你做了什么。你相信谁，你不相信谁，你从他人身上收获了什么，以及你如何与他们相处，将会决定一切。

第2章 "关系"的科学解读 / 13

科学证实，抵达更高层次确实百分之百地依靠人际关系。但是这种人际关系必须为处于人际关系中的人们传递非常特定的建设性经验，并在头脑中形成非常特定的信息编码。这种正确类型的人际关系引领我们适应环境，带领我们走向成功。

第3章 关系的四个层次 / 29

任何时候，你都只有四种可能的连接状态。但是其中只有一个可以帮助你成长，其他三个总是在削弱你的成就和你的幸福。关键就在于脱离其他三种状态，进入唯一能发挥正确作用的那种状态。

第4章 寻找第四层次关系 / 54

真正的连接关系，是能让你成为完整的自我，成为真正的、真实的你，是能调动你的心脏、思想、灵魂和热情的一种人际关系。这种人际关系中双方都是毫无保留、互相理解，并且相互扶持的。

第5章 远离消耗型关系，好的关系带来滋养 / 73

每隔一段时间，你都要确保生活中有这种类型的第四层次"加油站"。比如，我有一个定期见面的小团队，并且我知道，无论当时我在做什么，和他们相处之后，我都会感觉更好，更有效率。类似地，开始注意那些榨干你能量的人。

第6章 自律带来自由 / 92

虽然我们的自我控制和表现完全处于自己控制之中，但支持它的大部分养料都来自形成的人际关系所提供的能量。成功者不仅仅认为自己能够控制自己和自身的选择，而且每天都在练习这种控制方式，然而在某种程度上，它也是通过人际关系来建立和维持的。

第7章 自由、责任和爱 / 106

记住责任感的三个方面：个体、人际关系和结果。工作、婚姻、友谊、团队、文化、健康和生活同样要求具备全部三项。我们必须开放心态，练习接受反馈，学会倾听它，然后吸收它，并且培养出引起更好表现的自我控制。

第8章 优质关系中的每个人都在进步 / 132

自从人类存在以来，我们都在一个古老的问题上拉扯不清：我想成为的状态对比我现在所处的状态。它帮助我们经历失败，能够作为一种提升的手段，作为变得更好的一个机会。我们很难把失败视为暂时的事态。我们需要"他人"来帮忙内化它。

第9章 阶段性成长 / 147

最好的领导者、教练和朋友同时做这两件事情。他们推动你超越已有的成就或者你自认为能够抵达的状态，但又不会远到让你无法触及。他们精益求精但不会带来伤害。

第10章 如何内化"他人的力量" / 168

第四层次的人际关系如此强大，原因在于它们结束之后余威尚存。我们学过的课程，激励过我们的话语，永远地留在我们心里。心理学家把这个过程称为内化。它把外部的东西融入内部。内化是渐进的过程，人际关系的模式、语气、支持和节奏都将嵌入我们思想和灵魂的内部结构之中。

第11章 人际关系的"百慕大三角" / 188

不和睦是团队、公司、家庭、婚姻、友谊以及任何其他人际关系系统中最具破坏力的力量之一。与团队和组织合作几十年之后，我学到一些东西：分裂的人所造成的伤害，比他们带来的任何好处都多。

第12章 信任的五大要素 / 200

信任可以被定义为一种自信的期望。当我们有信心看到正收益的时候，我们会在股票市场进行投资，人际关系中的信任也是如此。在我们有信心认为这样做会有好结果的时候，我们会投资自身，我们的时间、我们的精力、我们的资源、我们的才华，等等。

结语 / 215

致谢 / 221

关于作者 / 223

The Power of the Other

第 1 章

被忽视的真相：他人的力量

人类的能力，你的能力，自有极限。果真如此吗？

大体而言，这个问题就是本书的焦点——然而并非仅仅关注人类的能力是否存在极限，因为这几乎是一个不可知的问题。毕竟，谁知道人类真正的极限在哪里？每当我们觉得有人已经做到了极致，其他人又出现并超越我们以为的顶点。我们认为的已知极限不断被人重新定义，即便我们自身的极限也是如此。

我们在此关心的，是为什么有人可以超越极限，他们是如何超越极限的？当我与执行总裁及高效能机构合作时，我们所致力于研究的问题就有以下两种表现形式。

第一种表现形式涉及某些已知的极限，也就是我的客户们正在经历的内容：某种模式，某个障碍，领导能力的两难困局或挑战，与某人的矛盾冲突，某个弱点或难题——他们知道有种东西挡住了自身去路，阻碍了他们对未来的渴望，影响了他们的事业，甚至危及他们的生命。这种东西正在限制他们……纵然他们不知道限制自己的到底是什么。

第二种表现形式与已知的困难或问题完全没有关系。它只是一种变得更好的渴望，突破现有水平的成长渴望，去拥有更多或者完成更多的渴望：更多潜能，更多收益，更多动力，更多乐趣，更多意义，更多爱……更多欢乐。这些客户知道自身内部、事业或生命中还可以拥有更多的事物。而且他们渴望得到这些事物。

一方面，你可能已经觉察到阻碍你迈入下一个台阶的关键所在；另一方面，你可能只是渴望竭尽所能地发挥自身的潜力。在这两种情况下，你都想突破现有的限制，超越当前的现实情况。如何真正地完成这些目标，就是本书的主题：**我们如何变得更好，我们如何拥有更多**。

好消息是：这已经不是什么秘密了。我们知道它是如何发生的。若觉得不够，你还可以学会如何让它发生。

进无止境

当美国海军成员加入海豹突击队[①]之后，他们可不是像中了彩票那样凭借运气。在全世界最推崇个人能力的选拔过程中，他们获胜了。要想从顶尖人才之中脱颖而出，申请者沿途走过的每一步，都必须是精英中的精英。毫无任何特殊待遇。他们必须严格执行精英体制的选拔方式。

在此，必须是完成许多步骤、满足诸多资格条件、跨越各种关隘之后，才能抵达选拔过程的最后阶段。在此训练课程——被称为 BUDS（海豹突击队基本水下爆破训练）的收尾阶段，这些有抱负的海豹突击队队员们必须通过所有测试之中最为"变态"的测试——"地狱一周"，这种折磨人的训练需要极限的体能和精神忍耐力，会把这些已经出类拔萃的精英们推向他们的绝对极限。

[①] 美军三栖突击队的别称，SEAL 取 Sea 海、Air 空、Land 陆之意。——译者注

在冰水中持续忍耐超低体温，在剥夺睡眠的情况之下长距离游泳，以及密集的过度体能消耗，超过三分之二的备选人员没有坚持到训练结束。别忘了，他们全都是优中之优的人选。大多数人最终不得不"鸣铃投降"，表示他们已经放弃。然而实际上他们很少愿意放弃，因为他们仍然极度渴望通过考核。他们的肉体和精神已经达到了自身能力的极限。他们无法付出更多，也不能做得更好了。无论是肉体疼痛，还是心理耗竭，或者兼而有之，大多数备选人员都缺乏突破自身极限并抵达下一阶段的资源，只有最坚强的人才能成为一名海豹突击队队员。设立整个选拔过程，就是为了找出这些人的体能极限究竟在哪里，谁受到极限控制，谁能够突破这些极限。能够最终突破这些极限的人，就能被派出去参加战斗，投入到那些经常需要有人发挥过人表现的战斗中。生或死，胜利或失败，就取决于这种能力。

我的妹夫马克曾是一名海豹突击队队员。他成功地通过了BUDS训练。我从未有过像马克这样的兄弟（我只有两个妹妹），他是那种每个小孩做梦都想拥有的兄弟。我以前非常喜欢听他的故事（只要是他可以告诉我，却又不必杀我灭口的故事），听他和他的海豹突击队战友例行公事一般赢得的卓越功勋：在一个令人疯狂的海拔高度跳下飞机，在某个遥远的角落撞向冰冷的海水表面，转换成战斗模式，在海底高效率地打个小盹，然后在黑暗中潜入敌舰，并把它拿下。在一切完成之后，轻松地一问，"中午吃点什么呢？"就像平凡无聊的日常工作一样。这种对他而言"乏味"的生活，普通的我们根本无法承受，更不用说出色地完成这些工作了。简直不可思议。

在伊拉克战争中，我们失去了马克。他英勇地牺牲了，为了他所爱的事业而献身：他利用精湛的作战技能，与志同道合的战友们一起，为美国而战，把被俘获的人质转移到安全地点。对于爱他、崇敬他的我们来说，这不啻晴天霹雳，但我们对他的献身精神怀有深深的敬意。他离开了妻子与尚在襁褓中的女儿，离开了一个大家庭，离开了曾经被他触动过的许多朋友。

在给他善后的过程中，我得以认识他在海豹突击队的许多成员、同事和战友，大部分都与他在阿富汗和伊朗并肩作战过。他们与我分享了许多马克的故事，关于他的勇气、专业技能、人格、精神以及对生活的热爱。他给许多人的生命留下了深刻的印记。我们这些被他感动的人形成了一个大家庭，聚在一起哀悼、回忆和纪念他，分享他的故事和记忆。

这里有个与我们的主题相关的故事，是我所知人类极限被突破的一个最清晰的例子。它是由马克的海豹突击队队友在他死后的几天内转述的。

马克的队友，我叫他布莱斯，当时正泡在"地狱一周"的海水里，最后再划几下腿就能游到终点。马克已经完成任务；他通过了最终考核，知道自己要成为一名海豹突击队队员。对他而言，这已经成功了，而他正站在水面的岩石上，热切地望着他的兄弟向着目标奋力前行。

而这时，布莱斯遇到了"撞墙期"。㊀

如他所述，那个时候他的身体已经无法再支撑下去。力气都用完了。一点儿都不剩。他强迫用意志力让自己继续，但身体已经力不从心。

你大概可以用某种方式来感受它。如果你去过健身房，重复地举起一个重物，举到足够多次之后，你也能达到这种状态：你的双臂没劲了。再也不能举起一下，再也使不出任何力气，任何澎湃的意志都不能让双臂多举起一下。

布莱斯发觉当时的自己就是这样，开始往冰冷的海水里下沉，完全耗尽了能量和力气，再往前多游一米也都无能为力。无论他如何逼迫自己，如何竭尽全力，他的身体和技能都已经不听自己使唤。

想象一下那种时刻：多年的辛苦努力，所有的艰苦训练，所有的流血牺牲……即将随风而逝。他看到梦想随着身体一起沉没，濒临毁灭。为了坚持到最后，他已经历尽了千辛万苦，这是一种什么样的感觉呢？我相信他心里的明灯就快要熄灭，因为他的身体已经无法前行。直到……

㊀ 撞墙期：运动学术语，通常发生在第一次长距离跑步，或者运动一下之后，身体血糖肝糖都用得差不多后，身体转而代谢脂肪来产生热量，但是如果能量来源从糖转化到脂肪衔接得不顺利时，就会有一段无力的时期，这时身体会认为这样的运动程度已经到达自我设定、无法继续负荷的极限，肚子疼痛、呼吸困难、肌肉僵硬等征兆相继出现，让人觉得异常疲累，甚至喘不过气来。遇到撞墙期，人们会质疑自己再也撑不下去了，容易放弃，但是一旦撑过这个时期，身体就会再次恢复常态，并且将当下的状况调整为运动状态，此时运动起来不但健步如飞，还能让人觉得身心舒畅。——译者注

他接着讲述这个沉没的故事,在他打算呼救并发出信号表示放弃的时候,他的目光落在了前方的土地上。马克就在那里,站在岸边。马克看着他,布莱斯说马克挥舞拳头给他做了一个巨大的加油打气动作,还有一声吼叫,向布莱斯暗示"他能够做到"。他们的眼神互相锁定了几秒钟,如布莱斯所描述的,有些事情发生了。有种东西突破了他自己。他的身体像发动机跳入另一个挡位,进入另一种他从未接触过的个人能力空间;他成功地再次冒出冰冷的海面,游向终点线。他做到了。他完成任务了。他要成为海豹突击队队员了。

而这就是"他人的力量"。

奥秘与必然

到底发生了什么?为什么朋友的一个眼神、一个用拳头加油打气的动作,就能够鼓舞布莱斯超越肉体和精神的极限呢?为什么他的身体能够再次回到水面,几乎如自动巡航般毫不费力呢?为什么他的双臂和双腿找到了前所未有的更多力量呢?

从某种程度来说,我们对此一无所知。与队友之间的情感交流,这是一种非物质的、无形的、神秘的事物,怎么会有实质性的、可测量的、现实的效果,如同跨越空间和现实界限给身体补充能量一般?真是令人大惑不解。

几个世纪以来,哲学家、心理学家、神学家以及灵性思想家一直在苦苦思索这种被称为心身问题的事物，也就是无形的事物可以对有形的事物产生真实的影响，反之亦然。但无论我们如何解释这些机制，有一个被忽视的真相就是，人际关系的无形属性，人们之间的**关系**，拥有真实的、有形的和可测量的力量。

它始于人类刚出生之时。你是否知道，假使你养育孩子，却又剥夺他们充满意义的亲情关系，一种依恋或情感联系，他们便不会正常如愿地成长？只是由于缺少亲情关系？他们的体重会不足，会更频繁地生病，在极端情况下，他们会发展为发育不良综合征。这个术语就是那个意思；他们撞上了错误的极限。他们没能茁壮成长，没能发挥自身全部的身体潜能。

关系缺失带来的伤害更加深重。它并不止于我们从外表所看到的内容。如果你通过脑部扫描观察他们的大脑，如许多研究者所用的方式一样，你就可以看到真实的黑洞，神经元没有形成、神经系统没有生长而造成的空洞；大脑的实体硬件连接条件不完善。事实上，经历过这些情感剥夺的孩子们的大脑也更小。这就是此后我们即将看到的行为缺陷和能力问题的原因。这些孩子们努力地去适应现实的要求，却缺少完成这些要求的大脑回路。而给他们造成限制的原因在于人际关系的缺失，人与人之间联系的缺失。

然而，对这种联系的需求甚至在人出生之前就开始了，毫不夸张地贯穿了人的从生到死（从子宫到坟墓）。人际关系影响人整个一生的身体和心理机能。这种无形的力量，他人的力量，打造了通往健康机能和更佳表现的硬件条件和软件条件。举例而言，一次次的研究表明，如果拥有强大的人际关系支持系统，人们达成目标的概率会大大提高。同样地，研究也表明，身患心脏病或中风的老人，当加入支持小组之后，他们会过得更好，疾病复发的概率更低。其他研究已经表明，获得他人力量支持的人，拥有更强的免疫系统，更少患病，就算患病恢复起来也更快。即便你的饮食不太健康，但只要生活在人际关系密切的环境之下，你也会比在情感孤立而只吃健康食物的环境下活得更长久。（对此我表示真心感谢）

我们可以了解这是如何发生的，为什么会发生，然后努力把它弄明白。但我们不能再怀疑它的存在。人际关系影响了生活和个人表现，仅此而已。所以，让我们在书里好好地聊一聊人际关系，以及它是如何真正地发挥作用的。

一段特别的交流

我是一名心理学家，领导能力咨询顾问，还是一名教练。从定义上说，我的工作专注于人类的能力表现，人们——包括个体、团队和组织——如何发挥更好的表现。如果你是能力成长课程的学员，无论是事业范畴还是个人生活范畴的，你可能已经注意到，在关于我们如何表现得更好的交流中，全都是关于你的。

提升你的专业技术，你的思考能力，你的策略和技能。强化你的自律。明确你的目标，你的承诺，你的交流方式。为了达到目标，你还必须增加和提升许多其他的技能、战术、战略、资质和能力。简而言之，它所传达的信息就是"你可以做到！你可以通过变得更好来获得更多。"学习更多知识，用不同的方式去思考问题，用不同的方式去领导团队。当自己变得更好以后，你就可以成功地完成这些。

可你猜怎么了。所有这些说法都对。智慧和能力真的很重要。我们的确需要新的技能、知识和本领。我们必须努力升级自己的版本，才能做到更出色，变成更强大的自己。

但这些选项里好像缺了一点东西：现实。

问问许多获得最大成就和赢得最大挑战的人，你会发现他们有个共同之处：**在另一头还有某个重要人物让这一切成为可能。**

你最好和最坏的人生阶段，都不仅仅与市场或者商业周期有关，甚至也不仅仅与你自身的能力有关。你最好和最坏的时期还与在这些日子里陪伴你的人是谁有关。要么给你好的影响，要么给你坏的影响。它不仅仅与你有关，还与他人有关。你会成为什么样的人以及你如何成为这种人，他人都起到了巨大的作用。

本书展现了在领导力、成长和高效能表现领域的一个重大转折。我要转变一下交流的重心，从仅仅关注你（也就是你如何培养自己），转变为重视：你的自我表现要么被你生活中的他人强化，要么被他人削弱。他们有这种力量。不同于大多数的领导能力建议和大部分的商业书籍，它们关注你如何领导他人、如何表现以及如何打造自身的技能与本领，本书将关注这一类人——他人——影响你的人，以及你作为他人时对别人的影响力。

生活和事业中你的能力表现有多好，不仅仅取决于你做了什么和怎么做，以及你的技能和本领如何，还取决于谁同你一起做或者谁对你做了什么，这是无可否认的事实。谁在帮助你？谁在与你作对？谁在强化你的能力？谁在阻挠你？谁在削弱你的能力？这些人实实在在地影响着你成为什么样的人。是谁帮助你打造这些技能和本能？谁将这一切撕得粉碎？他人确实有力量影响你的生活，也许是好的影响，也许是坏的影响。但是，他人给你的生活和能力表现造成的影响到底属于哪个种类呢？他们是提升你的能力还是削弱你的能力呢？这些问题都需要我们仔细思考。

他人有没有能力影响你的生活，对此你别无选择。他们肯定会影响你的生活。然而对于他人会带给你哪种影响力，你倒是可以选择。

老板的影响力可以帮助你实现梦想，可以扼杀你的梦想，也可以撕碎你的梦想。你曾见识过多少回，一份直白的报告，一位合作者，一位搭档，一位董事会成员，有可能会帮助你，也可能会阻挠你。你遇到过多少次被他人的力量挡住去路？你见识过多少次一个人破坏了整个团队、一群朋友或整个家庭的气氛或文化？而你又见识过多少次，当一个合适的人出现之后，扭转了整个局面或者你的人生？这样的他人在每一阶段都会发挥作用。他们影响着你,正如你也影响着他们。

如何驾驭这种能力,是决定你成功与失败的关键,决定你是继续茁壮成长还是就此停滞不前。你相信谁,你不相信谁,你从他人身上收获了什么,以及你如何与他们相处,将会决定一切。你不能控制别人,但你可以成为精通择人以及与人相处的专家。

如果你让他人的力量为你所用,你就能突破现在经历的或者未来遭遇的任何限制。

The Power of the Other

第 2 章

"关系"的科学解读

曾经在课堂上的一瞬间,我受到了强大而消极的情感冲击,令我永远都不会忘记。

读大学的时候,我本来一直醉心于会计和金融学,然而,经历过一些重大的人生转折之后,从第三年开始,我就选择心理学作为职业,并开始进行漫长的准备。它将是我毕生的使命。我选修了所有可以参与的课程,甚至在进入研究生院之前,就迫不及待地想把它们全部学完。我们如何健康成长、发挥作用、行使职责,以及如何被治愈康复,研究这些事情背后的科学原理,才是我真正的兴趣所在。要学习掌握的知识实在是浩瀚无涯。我期待着成为一名专业人士,并把帮助他人作为我的人生意义和使命。我想尽自己最大努力成为最好的"医生",学会所有的最佳治疗方案、辅导与咨询方法论,以及任何可以作为治疗手段的其他方法。三年之后,我在上研究生院之前,不仅已经完成了大学心理学课程,还接受了认知疗法、完形心理学(格式塔心理学)、人际关系心理分析、组织行为学、行为干预、团体疗法、原始疗法、心理动力学疗法、住院疗法以及灵性成长等方面的各种训练。我有点过于痴迷了,只要是能收集到的一切知识,我都要像完成使命般地把它们学会。

后来,在一片激情狂热之中,有一天我深受打击,几乎要心生重读金融学的念头。那是在一堂课上,教授正在评论临床心理学疗法的一个元分析——也就是关于何种治疗方法具有最佳效果的一篇综述。一组研究人员已经对所有不同的治疗成果进行了"因素分析",以便于理解真正让人发生改变、给人带来成长和疗效的因素是什么。研究人员考虑了每一种技术的手法、对思想和感情的干预手段、心理动力学，如此等等。我的教授却解释说，虽然这一切都很重要，但此外还有一些别的东西，而正是这些其他因素真正地产生了这种治愈性的力量，并贯穿于所有疗法模式之中。有一种东西，真正地为人们带来改变。

我坐在下面几乎按捺不住，等待拯救人类秘密的揭晓。此时此刻，我终于要学到长久以来孜孜以求却秘而不宣的智慧核心。教授盯着我们，然后说，"就是人际关系。真正给人们带来改变和康复的，是心理学者与来访者之间的人际关系。"

"什么？"我暗自琢磨着，"就是这个？只有这个？我放弃金融和法律学院，换来的就是这个？去做一个'租给别人的朋友'？"我感觉彻底泄了气。我愿意为此通过全部的训练、读完研究生、熬过实习期，并完成其余的一切，去学习所有的知识，而真正发挥作用的却是人际关系？那我做这些事情还有什么意义？照这位教授的意思，我参加的兄弟会根本就是一个治疗中心。我们这里有的是人际关系，可他不知道我们仍然存在许多疯狂的行为吗？他是不是想说，你只需要朋友就够了？

一定存在什么误解，我记得这样想过。然而结果就是这样：科学表明，正是人际关系，才是有疗效的因素。

我记不得接下来的课堂内容了，但我继续读了下去，熬过带给我毁灭性打击、令我垂头丧气的那一天，尽管刚刚才知道，我接下来的七年训练中所学，都不如我的朋友已经给我的东西更有价值。这不可能是真的。

但我最终领悟到，研究结果其实是百之百正确的。然而也是百分之百不对。

这怎么可能呢？

科学证实，抵达更高层次确实百分之百地依靠人际关系。但是……这种人际关系必须是正确类型的人际关系，而不仅仅是和朋友厮混。这种人际关系必须提供非常具体的功能和非常明确的力量；它必须为处于人际关系中的人们传递非常特定的建设性经验，并在头脑中形成非常特定的信息编码。这种正确类型的人际关系引领我们适应环境，带领我们走向成功。在本书中，你将会看到，这些人际关系必须提供哪些东西，才能帮助我们抵达更高层次。

人际关系的几何结构

丹尼尔·西格尔（Daniel Siegel），加州大学洛杉矶分校的教授，著名的神经生物学家。作为一名科学家，他对大脑的研究成果，有助于解释大脑与生活中决定成功的以下几个方面是如何发生相互作用的：

- **临床领域**：我们如何感受、思考与行动；
- **人际关系领域**：我们如何与他人相处；
- **表现领域**：我们如何表现以及取得什么成就。

西格尔以各种人际关系为背景研究大脑和思想的形成，总结了它们的治疗效果,比我所知的任何人都做得更好。在他的《人际关系神经生物学袖珍指南:思维的综合手册》(*Pocket Guide to Interpersonal Neurobiology: An Integrative Handbook of the Mind*)(New York: Norton,2012)一书中,他把所有的研究整合为三条要点,并称为**幸福三角形**。

这个幸福三角形决定了我们在日常生活重要领域中的所作所为——海豹突击队能否完成泅渡,一段婚姻能否幸福美满,一位总裁能否成功地带领团队,一个小孩能否心智健全地成长,你能否战胜逆境然后迅速适应。形成幸福三角形的三个要素协同合作,构建、推动、创造并调节我们的职能和表现。这三个要素是什么呢?就是我们的大脑/身体(躯体部分),我们的人际关系,还有我们的思维,它们调控生活和工作所需的能量和信息。

西格尔把这个三角形描述为"一个加工过程……在我们的社交活动以及内部神经放电模式中调控能量和信息流……它不是大脑**或者**人际关系……它是**在大脑内部和人与人之间**承担能量和信息流动的一个系统。"我们的大脑以人际关系为背景来发挥作用,并发展出一套具有调控功能的思想,指导推动一切事物的能量和信息流。我们就是以这些方式联系在一起,因此我们发挥功能的现实情况总是涉及这三个要素:我们的身体组成,我们的人际关系,以及我们的思维。

西格尔继续论述:"正如一枚硬币有正面、反面和边缘,能量和信息流的现实情况也至少有三个层面:在'**人际关系**'中的共享，在'大脑'中的具体机制，以及在'思维'中的调控。"我们需要全部的三个要素，三角形的三个部分，**来创造变化和高效能表现**。当我们对三角形的每一条边进行强化时，我们的幸福感都能提升。而这只能是缘于人际关系，并通过人际关系来实现。换一种说法，如果想抵达更高层次，我们就需要人际关系，以非常特定的方式，帮助我们同时提升大脑和思维。当这些人际关系运行良好时，我们就会渐入佳境。当它们运行不良时，我们就会举步维艰。要么原地踏步，要么走下坡路。

自从我在大学醒悟过来的那一刻，也就是当我发现真正重要的是人际关系的质量时，我才开始切身体会到，帮助人们提高表现和突破极限而成长，比仅仅和朋友厮混所涉及的内容要多得多。幸福是以人际关系为依托，但很明显是以非常特定的方式，传递非常特定的信息，并通过关系互动、能量流和调控进行编码——所有这一切构成了思维、大脑和身体中的表现能力。幸福不仅仅与人际关系或者信息之一有关，它同时与两者相关。然而幸福也与我们人际关系中的特定经历有关，正是它们给我们的身心机能结构带来成长，使其发展到更高层次，并比过去表现得更出色。它取决于人际关系，但是指特定类型的人际关系。这就是让我们抵达更高层次的东西，也是本书的主题。

幸福三角形必须以特定的方式建立起来，这样人际关系、大脑和思维才能协同合作，共同培养我们突破现有水平的能力。人际关系的动力系统必须以特定的方式进行整理排序，并注入特定的信息类型、编码或模式。正如电脑有运行其操作系统的特定代码，人际关系中植入的"代码"也会随着时间的推移而得到内化。我们现在的样子，以及将来要成为什么样的人，都是人际关系帮忙编写"代码"而形成的。人际关系具有力量，既可以带来好的影响，也可以带来坏的影响。既有"好代码"和"坏代码"，也有"正能量"和"负能量"。它们影响着幸福三角形的三个部分：身体部分、人际关系部分以及心理部分。

让我们对这三个部分一一进行观察，看看为什么它们对我们正常发挥功能都很重要。

第一部分，**大脑**和神经系统可以被视为一个整体，即体现和驱动所有处理过程并受其影响的身体器官。我们如何表现，如何与人交往，如何达成目标，有什么感受，以及采取什么行动，全都显著地受到大脑活动的影响。我们的大脑通过电荷与化学物质而运转，比如神经递质和荷尔蒙。大脑的神经细胞以及它们之间的交互作用，构成了西格尔所谓的"神经放电"所需的全部身体机能结构。想想电脑中的电路——主板、微芯片、供电线路、电池——是如何影响它的性能的；类似地，我们大脑的回路也从根本上决定了我们能做到多好。

举一个简单的例子。当你的荷尔蒙水平发生变化时，你的行为也会有相应改变，感觉和与别人相处的方式也改变了。如果你的血清素消耗了，你的情绪就会发生改变，集中注意力的能力也会改变。你的能量开始下降。胰岛素分泌功能会改变你的葡萄糖水平；然后你的思考、能量、行为以及一系列其他表现的动因都会受到影响。这就是为什么运动员要为自己补充能量。大脑，即身体的机能结构，在我们的全部功能中占据绝大部分。但它并不是全部。

第二部分，**人际关系**，即人与人之间的关系以及我们在关系中的经历。关于人际关系，我们所谈的不仅仅是与大学生联谊会的兄弟们厮混。我们讨论的是特定的有质量的人际关系。神经科学表明，这种类型的人际关系，即使是看似微不足道的关系，也能够极大地提升表现，甚至帮助构建、培养并维持大脑中固化的实体连接。

这就是为什么你与其他人的感受会迥然不同，表现也有天壤之别，一切都取决于你和谁在一起，以及在人际关系中发生了什么。此外，正是由于处在人际关系之中，我们的思想才能真正地形成。这些人际关系不仅仅影响着我们的身体和大脑，也影响着我们的思维能力。拥有充满爱心、关怀、支持与和谐关系的婴幼儿，内部身心机能的全部结构类型都能因此而得到发展。

由这些人际关系造就的神经结构，会让自身与其他的神经结构产生联系，引起其他神经结构的共鸣，从而在智力和身体上都得到发展。健康的人际关系给大脑接入一系列的功能——比如调节自身情绪、解决问题、缓解压力和适应环境的能力。正如我们之后要谈到的，商业领袖、运动精英以及其他高成就人士就是运用完全一样的机制，来构建他们的机能结构。

这些人际关系的结构、活动与质量至关重要。如果人际关系是积极的、和谐的、能产生情感共鸣的、充满关怀的、具有支持性质的并且是富有挑战性的，那么它们就会促进大脑的积极发展并提升表现能力。如果它们不是高品质的人际关系，那么它们要么就是导致在事情该发生的时候毫无作为，要么就是导致在事情不该发生的时候胡作非为——从而带来"漏洞和隐患"，例如过度活跃的大脑、不信任、古怪的想法、无法专注和投入、容易冲动、控制性行为、对失败的过度敏感，以及阻碍我们能力表现的其他倾向。

第三部分，**思维**——这就是教授说起治疗仅仅与人际关系有关时，我认为他错误的最大原因。思维能调控一切的心理机能，是维持一切功能流通和运行以取得成功……或失败的基本软件处理过程。正如西格尔所描述的，思维"调控我们身体内部和人际关系内部的能量和信息流，是一个自然发生的、自我组织的过程，会引发我们的情绪、思考和记忆等心理活动。"我们的思维无时无刻不在处理所发生的一切，决定着我们把事情做好或搞砸。

这就是为什么我们不能仅仅依靠"处在人际关系之中"，或者仅仅与"朋友"交往，不能指望这些帮我们做好必须要做的一切以抵达更高层次。任何人都无法做到。要抵达更高层次，还需要构建内部真正的机能结构，构建调控我们生活和功能的思维。思维或者心理过程必须得到发展，以对我们身体内部和人际关系内部的能量和信息流进行调控，使其做出适应外部世界的所有功能表现。这种发展过程带来了以不同方式思考、以不同方式感受和以不同方式调控自身的能力，并产生了更好的表现。我们不应该仅仅关注人际关系，同时也要关注在思维中构建机能结构，它会促进更好的表现。我会在全书中反复提及这种重要特性。不错，人际关系很重要，但必须是能够构建良好的机能结构（你可以认为是思维的技能），并以此提升能力表现——此种类型的人际关系。

更好的能力表现来自推动性能进步的结构升级——用计算机术语讲，就是升级处理器和软件。也就是要提高你自身性能"引擎"的马力，提高你自我调控的能力。这种能力的提升是在你历经成长的过程中，通过你的人际交往经历、能量和信息共同发挥作用而构建起来的。你的身体/大脑、人际交往经历以及思维协同合作，让一切正常运行……或者失效。人际关系，即"他人的力量"，是帮助你抵达更高境界的方案中不可或缺的一部分。一切都以它们为中心。身体部分、人际关系部分以及思维部分虽然是共同运作，却完全是建立在人际关系之内的。

在此，我的目标是帮助你看清楚，我们为了变得更好而做出的努力——包括锻造我们的才能、思维方式、创新精神、策略、沟通能力、责任感、毅力、适应能力，等等——当然都很有效，却不够充分。问题在于，你不能仅靠自身来改变它们。对你现有的机能结构而言，你已经处于极限状态。但是你的能力会改变，机能结构会成长，因为这些能力和机能结构会在特定类型的人际关系中得到发展。

为获得更高水平的表现，你肯定要采用不同的方式思考，而要想以不同的方式思考，你必须拥有不同的思维，而且你的大脑必须采取不同的神经放电模式。要想在你的思维和大脑中开发这些不同之处，发展体现思想、情感和行为的机能结构，你需要以重新布置自身回路的方式建立连接关系。

揭秘改变

一家全国性企业的执行总裁在与我合作一年半之后，与我碰面，回顾我们的辅导课程。"这真有趣，"他评论道，"我现在被这些改变震惊了。我不敢相信我对工作的思维方式变得如此不同，也无法相信随之而来的成长。无论是从职业角度还是从个人角度来讲，比起我们刚开始辅导的时候——我甚至都不敢回头再看一眼，我现在的处境已经完全不同。但这里还有一个疑团……有些东西我还无法理解。"

"什么无法理解？"我问道。

"哦，你非常质疑我的思维方式。然而，你却没有明确告诉我该思考什么，或者反复叮嘱我该做什么。坦白说，有时候我反倒希望在离开这里的时候能拿着更完整的任务清单。有时候我想让你告诉我'去做这些事情。'我希望更深入、更迅速地推动这个过程，这样我就可以不断地进步。"

我开始大笑……非常大声地笑。他盯着我看，然后问，"你为什么笑？我说什么了？"

我如实相告，"我所笑的是成长的方式，即抵达更高水平的方式起作用了——它不受我们控制，并不是下定决心就能做到，也没有选择……即使你希望这一切都可以,对吗?你我都知道你喜欢掌控一切。但是要想变得更好,并不只是'希望有'更好的表现就可以做到的。你要变成拥有更好表现的那个人,并且以不同的方式去表现。你要改变机能结构。"

他确实看出了其中的幽默。他已经在过程中得到成长,但不是通过意志力或者通过每次完成一个巨大的任务清单。当然我也给他布置过特定的事情,甚至许多的任务,他都完成了。但他所看到的个人表现上的改变,真的是出于他想要掌控的范围之外。如同许多顶级的领导者一样,他很喜欢掌控和安排一切。然而要想变得更好,这并不是你的独角戏,也不是你个人能够控制的事情。他的成长一直依赖于我们之间的人际关系,也依赖于整合他在工作中的其他人际关系,那些导致他变得不同从而带来不同表现的人际关系。他的机能结构发生了改变。

"这有一个过程,"我说,"你只要像往常一样做事情……我们继续研究你带来的问题,而你回去之后用我们讨论出来的方式解决问题,然后你就会持续改变……你会用不同的方式思考,因为你的'思想者'正在改变。它获得了更大的马力。请相信它。它会起作用的。"

然后他用一个例子肯定了我的观点。他详细描述了在最近一次董事会议中,如何被董事长不厌其烦地追问他刚刚带领公司通过的交易条款。董事长大声说出心中的疑惑,执行总裁在交易的过程中是否有效地保护了公司免遭竞争对手的反击。听起来好像董事长在质疑,执行总裁是否真正具有针对未来的计划,他是否提前做好防范竞争对手反击的准备。

"在过去,我会立刻思考需要采取的防御性行动,并向他表明我会很好地防御竞争对手。但这次不一样。出于某种原因,我非常冷静并告诉他,'这不仅不是个问题,我还采取了必要的措施以保证我们的对手根本无法跟上我们的节奏。'然后我大致勾勒了即将付诸行动的进攻型战略,它必将迫使竞争对手完全出局。我根本就没有考虑过防御。我在思考完全不同的想法,关于进攻的想法。我把公司置于市场中一个完全不同的地位来思考,而在以前我根本没有这样想过……通过用进攻来代替防御。这些是完全不同的想法——而我并没有告诉自己这样做;它就是自然而然地发生了。而且我发现这样的事情一直在发生。我在思考不同的想法。"

"这些能力只会越来越强,"我向他保证,"只要你继续成长。你不用再'强迫自己'更好地表现。你只会表现得更好,因为你的机能结构改变了。它会以不同的方式表现出来。"

强大的发现

试想一下,不去刻意控制压力下的反应或感受,而是真正地做到没有反应、不感受到现有的压力。试想一下,不去刻意改变或约束你想对别人说的话,而是真正地让不同的反应自然流露出来,不像过去一样三缄其口。这才是真正的成长——从我们的能力结构上产生本质的变化,从而爆发出不同的能力表现。你会发现,这种类型的成长出现在关键的人际关系之中,具有核心的动力,而且当它们出现时,你会发展、改变并且提升你的潜力。这就是他人的力量带来的结果。

以特定方式形成的人际关系作用能有多大的力量?以下只是众多变量中的少数几项,人际关系会对它们产生定性和定量的影响:

- 你能活多久
- 你能否达成目标
- 你能否完成销售目标
- 你能赚多少钱
- 你的孩子在学校表现如何
- 你有多信任别人
- 你如何应对压力和失败
- 你处于何种情绪
- 你体验到多少身体上的痛苦
- 如何思考,思考什么

考虑一下这些变量中的某几项,看看在正常情况下我们是如何处理它们的。举例而言,如果你想活得长久一些,你是不是更关心饮食、运动以及是否吸烟?你是不是关心计算脂肪量、热量和俯卧撑数量?还是,你也关心与亲近的人是否心意相通,并且愿意与他们分享你的生活?

如果你试图达成一个目标,你是仅仅关注自己的策略,还是关注能够参与进来帮助你达成目标的人？

如果你试图改变一个行为，你是制定一个改变的目标，然后开始尽力实现该目标，还是寻求能够帮助你完成目标的指导和支持？

如果你试图建立一番成功的事业，或者发展你既有的事业，你是仅仅关注策略和执行，还是关注建立一种蓬勃发展的文化？

当你试图完成销售目标或者获得投资人的支持，你是关注让人投资的合理原因呢，还是关注人际关系和共同的价值观？

无论我们想获得什么，我们的成功依赖于与他人之间的人际关系。如果没有其他人帮忙，或者只有毫无建设性作用的其他人帮倒忙，我们通常都会失败。不存在静止的状态。我们要么在充满人际关系能量和成长的作用下蓬勃发展，要么持续退步，只是速度快慢的问题。

本书余下的内容里，我们会考察特定类型人际关系的作用，以及它们如何促进或者阻碍我们突破现存的任何极限。

- 我们总是寻求连接，有时候结局并不太好，这是怎么一回事，如何应对这种现实情况
- 我们自身在人际关系中的姿态，如何决定人际关系是否于我们有帮助
- 我们如何获得动力，去争取更好的表现
- 我们如何为自身的表现获得自我控制和掌握权
- 推动表现的主人翁意识是如何通过人际关系建立起来的

- 对于阻挠我们实现目标的规则，我们如何克服它的对抗性特征
- 结构和时间在开发潜能与动力上所扮演的角色
- 人际关系系统中最具破坏性的动力
- 在能力培养型的人际关系中，如何建立和维持信任关系

我选择这些方面是出于这些原因。首先，它们代表创造高成就所涉及的许多主要动力。如你们即将看到的，无论你或者你的团队处在何种层次，以上每一个方面都是通往更高层次的一个重要基石。这些问题包括补充能量、自我掌控、主人翁意识、加速实现目标、结构以及其他。其次，真相在于，为了提升能力，这里的每一种动力都需要人际关系。它们都在我们讨论过的三角形中得到成长。而且，我们会仔细分析给三角形带来茁壮成长的人际关系特征。

让我们以第一个也是最重要的问题开始："你处在什么状态？"

第 3 章

关系的四个层次

飞机着陆了，空乘人员说，"现在可以安全使用手机。"你打开手机，第一件事情是什么呢？你会收到一个信号，在屏幕顶端写着："搜索……"或者"搜索连接……"或者"搜索网络……"

手机连上网络之前，没什么特别的。而一旦联网，奇迹就在看不见的世界里发生了。手机的功能可以根据不同的设计要求来赋予。它现在可以自动下载或者修复软件的漏洞；可以下载新的软件应用来完成以前做不了的事情。通过网络连接，外部世界的所有资源突然之间任由你支配，随时准备提供便利。通过链接，手机把你和整个世界连接在一起，连接上所有的信息和知识，帮助和技能，让你表现得更好。通过这个连接关系，几乎一切皆有可能。手机超越了它此前的极限……它可以变得更大、更好。

但是，如果没有通往正确网络的连接，这个小小的设备就不能够完成设计要求的事情了。当然，它仍然可以告诉你时间、看行程安排或者作为以往交流和照片的储存库，但如果没有强大而稳定的连接，就不会产生任何新鲜或者更好的事情。如果没有连接，这个设备就达到了它的极限。即使你再怎么努力尝试，它也只会继续创造出你在不能使用网络的飞机上创造出的相同结果。

人类也是一样。你是如此，我也如此。从我们出生那一刻、落地那一刻起，我们每个人内部的"芯片"就开始搜索通往正确网络的连接，能够为我们提供能量、信息（编码）以超越现有能力、经验和表现的网络连接。而这种搜索,这种对连接的需要,任何人都无法逃避。它是天生的,并且一直开启着,即使我们不知道有它,即使我们并不想要它。

只要你活着,你的心脏、思想和灵魂就会搜索连接。搜索一个"他人"。搜索一些他人。搜索一个团体群落,它会带给生活所有要素,以超越你现有存在方式和表现的极限。

对于连接关系的需要在婴幼儿时期之前就开始了,并且持续了一生的时间——从子宫到坟墓。只要你还活着,你就需要它来发展壮大,仅此而已。

我们从外部,从与他人的连接关系中获得能量补充。无论是智能手机还是人,当系统无法建立连接后,就会开始衰弱。这是无可争议的事实。人类需要连接关系,而且人类的系统一直都在搜索连接关系。

成长停滞

近日,当我向一位董事会主席阐述这个过程时,他回答说,"你刚刚阐述的正是我们这三年来的经历,也是我们不得不裁掉那位总裁的原因。"

"何出此言?"我问道。

"我们有过一位超级明星,"他说,"至少我们曾经是这样想的。他如此才华横溢……无懈可击。但是,我们慢慢地发现事情不对劲。公司文化在他的影响下改变了——活力下降,团队合作减少，热情消退。而且发展方向开始变得飘忽不定。"

然后情况继续恶化。主席继续解释道，这位总裁就像一座孤岛。就算他"在现场"做演讲和全公司互动，也没有人真正地感觉他容易接近。当董事会试图提出建议时，他常常置之不理，自我封闭。他的执行团队完全感觉不到他是团队的一部分。他不与团队接洽，也不太寻求团队的意见。

然后这就开始影响他的决策了。他与团队和董事会设立的目标渐行渐远，并开始自行其是——不接受任何建议。最终公司耗费了大量的时间和金钱来弥补关系，从摇摇欲坠的交易中脱困。很明显这位总裁只能离开。

"好笑的是，直到现在，"这位主席摇着头继续说，"我才意识到主要问题不在于他所追求的决策或策略，而是他如此孤立的事实——无论是在董事会，还是在他的团队里，还是在整个公司。他的决策来自他的疏离状态。"

一部手机也许看起来能够正常使用……一段时间。它可以计算、运行程序并保持基本的使用功能，但如果它找不到连接——正确的连接，不久它就会没什么大用处。推动人类表现的动力也是如此。

你在哪里

你有没有在餐馆与朋友见面时，坐下后听到对方问，"那么，你在哪里？"

如果你稍微思考一下，会觉得这是个有趣的问题。你可能说，"我就坐在这里呀，你觉得我在哪？"

然而你知道，他们真正问你的不是这个。他们在问一些更深入的事情："你在哪里……真正的你在哪里？你的心、思想和灵魂在哪里？内心的你在哪里？"他们在问，"你还好吗？你过得怎么样？"

我们在这种背景下使用哪里这一词，很有趣味，就好像我们正在谈论一个真实的地方，某种内部的空间。这一点不足为奇：你正处在"某个状态"——要么是好状态，要么是坏状态。

所谓某个状态就是连接的一种状态，即便你是独自一人；所以，下次若有人问起你在哪里，请认真地思考一下。回答这个问题的能力可以改变你的一切，你的表现、你的成长——还有你的生活。

你所处状态的可能性

实际上，你总是处于连接的四种状态之一。无论从外界来看你经历了怎样的生活环境——成功或失败，或者两者之间的状态——任何时候，你都只有四种可能的连接状态。这既是本书的前提假设，同时也被科学和经验所认同，找出你所处的状态，是你可以为自己做的最重要的事情之一。

虽然有四种不同类型的连接状态——人际关系空间有四个可能的层次——但是其中只有一个可以帮助你成长。其他三个层次总是在削弱你的成就和你的幸福。它们甚至可以摧毁你的梦想、人际关系、成就以及健康。关键就在于脱离其他三种状态，进入唯一能发挥正确作用的那种状态。把这种动态关系想象为人际关系的地图，包含以下四个层次的地图：

1. 孤立状态，没有连接关系
2. 坏的连接关系
3. 看似美好的连接关系
4. 真正的连接关系

第一层次：孤立状态

本章节前述的那位总裁就是生活在第一层次的完美案例。有时候一个人可以是外向型人格，甚至总是被其他人包围，但仍然处于孤立的状态。实际上，世界上最孤立的某些人，如反社会人格者和自恋癖患者，开始时可能非常有魅力而且很吸引他人。但他们无法对其他人投入真正的情感。真正的连接往往意味着对其他人在情感上和功能上进行投入，是一种给予和接受同时进行的动态方式。孤立状态是在一种或另一种方向上缺少某种东西——要么是给予受阻，要么是接受无能。处于真正连接关系的人两者兼备。他们在情感上一直都不缺位，既能够给予，也可以接受。

生活在第一层次的人作为领导时，不太会建立深厚的人际关系文化。他们建立的公司文化也许是追求高绩效，要求也很严苛，然而其中的员工并没有感到自己的贡献得到重视，自身也没有感受到真正的关怀。而且，就算公司的经营业绩很好，通常也只是短暂的，然后，由于缺乏深厚而积极的人际关系和关怀文化，信任和善意慢慢地被侵蚀。情况变得越来越糟糕。最健康和最具才华的人通常会离开，去他们感觉受人重视的地方工作，去他们能够全心投入的地方工作。

在孤立的领导者的带领下，决策的形成往往是在隔离状态下完成的，要么完全是由领导者做出决策，要么是由领导者建立或培养的组织孤岛做出决策。有时候孤立的领导者会允许一至两人进入他们的世界，但通常只是用作掩人耳目的盾牌，好让第一层次的领导者继续与世隔绝。这样一个掩人耳目的盾牌可能是一位同事，一份直接的汇报，一位配偶，或者是能够帮助该领导者保持孤立状态的任何人，而这种连接本身并不是非常健康——他们双方可能都感觉到互助互益，但并不健康。

这种"封闭系统"领导模式像所有的封闭系统一样：随着时间的推移，变得越来越糟。如果没有吸收外界的能量和信息，决策将越来越愚蠢，脱离关键的现实情况和利益相关者。关键人物和其他利益相关者开始困惑，"他到底在想什么？他太难沟通了。"

与坐在第一层次里操纵一切的领导者相处，是如此令人沮丧且摸不着头脑，那么，想象一下，与一个孤立的人私下交往时会是怎样的情形。它比职业关系更加恶劣。它可能是一种孤独寂寞的状态……一种奇怪的、有时候会令人发狂的经历。

本应令人满意的交流互动，如果一方缺少共鸣，或者表达方式流于表面，就会让对方感觉未被倾听、被人误解、无法对孤立状态的一方产生任何影响，因而得不到其他人的真正支持。事实上，第一层次的人们有时候对待其他人就是如此，就好像他们没有情感，完全没有意识到其他人存在一般。正如音乐家乔治·索罗古德（George Thorogood）所唱，"若我独自饮酒，我宁愿一个人"。

时间一久，和孤立状态的人交往的人们渐渐丧失信心并且开始退缩。在生活中的某一阶段，我们都经历过某种重要的人际关系，它本来是应该提供连接关系的，却并没有。即使在那个时候，对真正连接关系的搜索仍在继续。

陷入第一层次

迄今为止，我已经描述过试图与第一层次的人相处时的情形。很困难，很孤独，而且很难维系。但是，假如我所描述的正是你——陷入第一层次——即使你以前没有意识到这一点呢？如果你想知道自己处于什么状态，只要问问生活中依靠你的人。问他们有没有感到被需要、有价值、有人倾听，是否成为你信任的人。如果他们回答是，那么你就不太可能陷入第一层次。实际上，如果你正在阅读这里并且能够理解它，那么你就不太可能生活在第一层次。

但是，即使你没有完全切断连接关系，你的连接关系仍有可能并未达到应有的那么强大，或者没有如你所希望的那么健康，而且你确实还存在某些第一层次的现实情况。这对于高能力表现者而言非常普遍。

无论出于何种原因，生活已经教育过你，你必须独立自主。在一些实际问题上，你根本不允许自己求助他人。而且尽管你关心其他人并对他们施以援手，你对自己的需求却无动于衷。你在付出——有时候付出了很多——却没有接受什么帮助。对你而言，帮助别人很容易，但让别人来帮助你，尤其是情感上的帮助，你却很难接受。

有时候，这甚至是有些人步入领导地位的自然途径——他在儿童时期就是一个实干家，家庭的顶梁柱，或守护人——是其他人都能依靠的人。我都数不清和多少位这样的总裁合作过了，他们从兄弟姐妹中间脱颖而出，很早就学会弥补其他人没有做的事情。很小的时候，他们就成为他人的依靠，而不是依靠他人的人。但是，当他们在管理阶层、婚姻关系或者其他重要关系中，在需要双方互相依赖才能成长的重要关系中，继续使用这种交流方式，就会出现问题。他们一直在付出，为他人而表现，搞定一切，却很少从外界吸收他们需要的东西。

更糟糕的是，领导角色会把人推向第一层次。我们听说过多少次高处不胜寒的事情了？许多领导者确实感觉到孤独，但大可不必如此，况且最优秀的领导者会创造条件，帮助自己避免陷入第一层次。当然，从某些方面来说，领导地位意味着需要做出艰难的抉择，成为独当一面的人，处于责无旁贷的位置。

但领导地位并非注定要成为孤独的人或者与世隔绝。如果是这样，那一定是出了什么问题，这是可以补救的。

最近有一位总裁打电话给我，她正在遭遇重重困境——比大多数总裁需要处理的问题都多。我问她董事会对她说了什么。

"什么？"她回答，"我还没向他们提过这件事情呢。"

"为什么不提？"我问。我知道董事会对她的喜爱和尊重，但更重要的是，我知道他们可以为她提供力量、人脉和建议。

"我不能让他们看到我如此脆弱的状态。我不能这样向他们伸手求助。"她说。

"再问一次，为什么不能？"我施加压力。

"因为他们全都指望我来成为领导者，"她说，"他们指望我来让一切正常运转，这些我知道我能做到。但我不能让他们知道我现在的处境有多么困难。"

"你在开玩笑吗？"我说，"如果你不能，那他们就不配做董事会。他们就该全部被开除。如果他们的执行总裁正遭遇某种困难，那么他们所有人都应该知道出了什么问题，并且与你共同面对。我知道他们会这样做的。他们并不指望你是一个女超人……他们只是希望你做好一个执行总裁。而且你一直做得很好，也能继续做好。但在这个紧要关头，你需要他们的帮助和支持。而且你尤其需要这样，才能继续做好工作！这属于他们监督责任的一部分。"

我终于把她说通了，她也确实让他们进来了解情况。然后那一步就改变了一切事情。他们团结在她身边，把她带出了致命的第一层次。

然而，我们都知道，有时候不要把你的牌全部摊开在桌面上，这样才比较明智、合适而且富有策略。不言而喻，工作场所是一个充满高度竞争氛围的竞技场，人们行事都是出于利己主义和各种复杂的动机。但是，这样一来，找到合适的位置，以获取我们所寻求的各种连接关系，就更有正当理由了。

如果你不能从生活的某一方面找到连接关系，哪怕只是暂时的，也有足够的理由去其他支持性的人际关系中寻找它。如果你发觉在自己所处的情况下，绝无一处可以容下你的脆弱，没有供你连接的人际网络，无法寻求能量、支持、数据下载及类似的事物，那一定是出了大问题。领导地位、耻辱、恐惧、压力或习惯已经把你推向无法成长并且可能最终带来失败的层次。

写作本书的时候我参加了一个编辑会议，有一个人说，"哦，我记得遇到过这样一位老板。我不能和他坦诚以对……这样太危险。但我知道，要在他手底下幸存，就必须与我工作上最要好的朋友定期蜷缩在一起互相打气，互相提醒他才是疯子而我们不是！每当迫不得已和他谈话之前和之后，这样做都很管用。"完美。即使面对不可理喻的人，你也不能让他们把你变成一座孤岛，不向任何人吐露心扉，留在第一层次孤独终老。但这种情况常常发生。

比尔·海波斯（Bill Hybels），全球领袖峰会的创始人，他和我有几年时间共同管理了一家领袖隐居所，把一群商界和非营利组织的高级首脑们召集在一起,在密歇根湖举办领导力培训。领袖们在这里放空自己,与同等地位的人相处并思考领导能力的各个领域,这样的时间非常宝贵。

不久我开始让参与者回答问卷,收集关于他们的领导世界是如何运作的数据。有几个问题是经过专门设计的,看看他们的领导角色是如何强迫自身陷入孤立的第一层次的。以下就是我发现的某些东西:

- **问题1**:在你的领导角色中,你有没有经历过百分之百地诚实而且不设防的状态,有没有完全坦诚地面对斗争、冲突、需求和弱点,等等?
- **结果**:80%的领导者说:"没有,我没有经历过这种状态。"
- **问题2**:你有没有遇到过这样的人或者团队,完全关心你作为领导者的成长和幸福?这种人际关系所起的作用只是为了培养你和帮助你?
- **结果**:80%的领导者说:"没有,我没有经历过这种状态。"

然后有趣的是:

- **问题**:上一年你有没有经历过某些你觉得已经达到"临床比例"的事情?例如精疲力竭,缺乏精力,难以获取动力、注意力和对问题的关注,焦虑或压力,情感压抑,上瘾或者其他习惯,睡眠问题,等等。
- **结果**:80%的领导者说:"有。"

处在第一层次的生活和领导地位是有其代价的。

第一层次，孤立的层次，并不意味着你不是一个善于交际的人。它也不一定意味着你生活圈子中没什么朋友，或者你可能不会帮助许多其他人。许多处在第一层次的人，看起来很善于交际，经常帮助他人。它确实意味着源头就在于你。你可能为他人付出了，并且有很多人围在你身边，但你没有连接上他们，所以没有人以你最需要的方式为你守候。这是解决精疲力竭和表现下滑或受限的最佳秘诀，也是摆脱失败或脱轨的最优方式。

想知道自己处在第一层次时是怎样的吗？需要提防以下信号：

- **临床表现**：压力增加；精力水平、注意力和动力下降；睡眠问题；性欲减退；恐惧和焦虑增加；怀疑水平、不信任和怨恨上升；失去希望和目标。

- **人际关系**：不如以前与他人联系紧密——即使是在家庭和私下生活中也不例外，更加孤立，与最关心的人疏远，与亲近的人发生冲突，粗鲁无礼，失去耐心，生气，或者只是不想卷入别人生活中或不想与人相处。人际关系中丧失兴趣，与人相处时兴味索然。对人际关系本身感到失望，有被切断联系的感觉。

- **能力表现**：没得到想要的结果，并且感觉全部希望都寄托在你身上；无法做到"一切尽在掌握"，拖延症，混乱无序,对目标缺乏清晰的认识,被别人该完成的任务拖垮,注意力下降。

这些听起来是不是有些耳熟?听起来也不是那么有趣,对吧?

第二层次:坏的连接关系

我们生来就是要追求连接关系的,还记得吗?内置的"芯片"一直在搜寻连接,即使有时候我们害怕它或者未意识到它。在某种程度上,对大多数人而言,第一层次会让位于第二层次:坏的连接关系。似乎连接芯片经过计算后得出,坏的人际关系总比没有人际关系好。你要注意,这不是一个意识清晰的举动。我的意思是,谁会主动寻求坏的连接关系?然而它所发生的次数比我们愿意承认的次数要多。

第二层次,坏的连接关系,并不一定是和坏人或者虐待者发生连接关系,尽管也有可能是这样。相反,它是一种连接关系,一种先入为主的观念,或者它让你接近某些人,让你感觉不舒服或者"不够好"。低人一等。甚至有缺陷。好像是你出了什么问题。不知为何,这个人或者这些人就是有本事让你感觉不舒服。

它可能是一位老板,一位董事会成员,一位客户,一位朋友,一位家庭成员,或者一份直接的报告。它们会以各种大小、各种形状和各种关系的方式出现。但是有一个共通点,就是能让你感觉不舒服。过高的期望、完美主义、不合理的要求、爱挑剔、吝惜赞美、羞耻感、内疚感、贬低行为、缄默——就是这些众多方式中的一部分,具有这些行为的人容易把其他人引入第二层次的坏连接关系中。

然后会怎样?你的领导能力、能量、幸福、关注和热情将会偏移方向并慢慢减弱。你将开始表现出防御状态,试图弥补一切。你将试图回到过去,甚至回到让别人重新对你满意、你也对自己满意的状态,所以你过度地浪费时间去担心别人眼中的自己够不够好。我近日听说一位领导者为他爱挑毛病的执行总裁上司准备了一份报告,并且评论说,"就算是她也会觉得这个报告不错吧。"他总是试图得到她的中立或者肯定态度,因为他总感觉不能令她满意。

我告诉他,"放弃吧。她不会给出良好反应的。只要你还在她身上寻求这些,你就会一直痛苦。"

待在第二层次的经历是人类普遍的经历。我仍然被这里的超高能力表现者的数量所震惊,这里有些人为世人所钦佩,却向我吐露,有人仍然会让他们感觉不够好——从体育界到商界到娱乐界,真正的超级巨星都无法从某个特定的人身上摆脱被否定和失望的感受。

也许在你自己的生活中,你已经进入这个层次。也许一切进展顺利,也许你处境艰难。这都不重要。那个特定的人怎么看待你,要比事情在客观上进展如何更为重要。因为事情没有达到他们想象中应有的状态，所以他们不满意或挑剔或不支持——这不是有帮助的批评，而是一种挑剔的腔调、情绪和连接关系。

无论其他情况如何发展，只要你处在第二层次，出于某种原因，你内部的芯片就已经连接上这种特定的人际网络，即这个词语好几种含义中最严重的那种，在这种连接状态下，那个人让你感觉对自己、对工作或者对生活均不满意。这种连接状态产生焦虑、恐惧、内疚、耻辱，以及低人一等或自卑的感受。它带来无眠的夜晚，完全被这个人或者这个集体如何看待你所占据，不断重演你做错的事情或者后悔你本来可以做得更好。如此不一而足。

除了让你感觉糟糕之外，第二层次最坏的影响，很可能是对你的能力表现和功能产生打击。迷失在负面的自我评价之后，没有人还能具有很好的能力表现。第二层次通过自我怀疑和自我贬低来毁灭高能力表现。你变得更加关心赢得别人的认可，而不是关心能力表现本身。简单地说，如果这件事情发生了，你就变得不那么像自己。试图迎合期望，试图得到别人的认可——这是以最致命的形式表现出防御状态。你本应该参与并且关注游戏本身，但你却关注其他人认为你应该怎么玩。你无法让注意力和最佳表现同时割裂。这不可能。

对凯文而言，坏的连接关系就是他的新老板。凯文在公司总裁的位子上好好地干了几年。所有的业绩指标都在上升。董事会喜欢他。他享受着生活中的时光……直到无法继续享受。

控股公司的执行总裁，也就是他要向其汇报工作的人物，退休了，董事会换了一位新领导。从一开始，凯文就不讨这位新领导的喜欢。不知为何，对于凯文和他的业绩，这位新任执行总裁似乎与其他人怀有完全不一样的感受。他似乎特立独行，而且，无论凯文如何配合他工作，他们之间的关系从未取得质的飞跃。执行总裁与凯文之间的大多数交流都是他不喜欢某件事或者希望事情能以不同的方式来完成。并非全都是负面交流，但肯定是那种做得再好也会无动于衷，实际上从未有过任何鼓励的交流。

慢慢地，这位出众的表现者被刻意拒绝的执行总裁消磨了意志。凯文想了很多，不断问自己还能做点什么来挽回局面。每一次他觉得做的事情足以取悦这位新执行总裁时，又被得到的反应所打击。这就是恶性循环的开端。

凯文在表现防御状态的时候，就不再是完全的自己了。他已经进入结果响应模式。他开始事后猜疑自我，担心他采取的每一步行动。用一句话说，他已经失去了护身符——伟大领袖所具备的锋芒。在第二层次里生活，感觉自己名不符实，伤害正在发生。

有时候，你甚至不需要靠他人，就能体验这种表现还不够好的感觉。你拥有的主要连接关系，可能不是像凯文的老板那样，而是你内心的挑剔声音。甚至都不需要老板或者其他人来推动，你也能进入第二层次；你完全因为自己而陷入这里。你独自开车的时候都可以这样。

它发生在当你的主要连接关系是来自内心的裁判时,这个裁判在你头脑中盘踞了很长时间——也许是来自你性格形成期遇到的某人,或者是来自过去对你有重大影响的其他人。那个人植入的信息似乎一直和你的芯片连通,产生的反应总是让你感觉还不够好,表现出防御状态。把你和某些不现实的、不存在的标准相提并论,你当然会一直感觉失败。

无论是由一个真实的人物引发,还是由你头脑中的声音引发,只要你陷入第二层次,你的能力表现就会大受影响。你开始把失败归咎于自己。任何坏事或不好的结果都变成你还不够优秀的证据。当你的自信心慢慢萎缩时,你会发现自己正好处于第二层次。

第二层次是什么模样

如果你看过一场精彩的拳赛,你就知道有一个时刻,被大家一致认为是全场的转折点。其他运动中也有转折点发生,但在拳赛里看得更清楚。那就是选手开始躲避退让的时候,采取防守而不是主动进攻、不再掌握局面的时刻。

一个人,尤其是领导者,若为了显得足够优秀或者为了在某种程度上"完成目标",而关心别人的认可,关心更好的成绩,就会产生同样的表现和感觉。其他人认为你在躲避退让,被人打得毫无还手之力。

团队成员,尤其是执行团队的成员,会对这样的领导者失去尊重并最终失去信心。多年以来，我和很多对领导有过这种情绪的团队成员对话过。"我希望他能不再讨好每一个人，然后只要负起责任来就好。似乎有些人或多或少地篡夺了他的权力，至少削弱了他的影响力。他们变得比他的权力更大……尽管他才是领导。我们需要他展现自我、展现领导力。"

采取防御的领导者通常处于寻求认同模式，即使在筹划一场新的活动或者引入一件新产品或新策略时也是如此。让人买账要比宣告声明付出更多努力。真正的能力表现是一种表达，而不是求得喜欢或赞赏。一般而言，当有人需要认可的时候，也就没什么值得认可的地方。

第三层次：蛊惑人心的虚假"良好连接"

面对现实吧。没人想要被孤立、孤单或低人一等的感觉。这些都是非常不愉快的感受，因此，在某一时刻，你身体内搜索连接的芯片会说，"我受够了。我想要良好的感觉。"所以，它会寻找一些感觉良好的事物进行连接。

鉴于第二层次的连接关系让你感觉不好，或者并不是足够的好，第三层次的情况正好相反。你感觉非常好！有时候真的非常好。积极的情绪具有多种形式：风流韵事，成瘾习惯，促销的赠品，奖励，或者积极的成果，即将取得的收获，下一个大产品发布，他人的称赞。食物，性，毒品……一辆崭新的法拉利。这些都是安慰灵魂的一种尝试。问题在于，镇痛剂不能真正地治愈疾病。它们只能减轻痛苦，短暂而肤浅地让人感觉舒服一些。

我见过沉湎于好消息而无法自拔的领导者。他们只想听到进展顺利的消息。这种感觉太好。他们希望身边的员工和董事会成员只会夸他们很棒而且想法一流。他们热爱疯狂崇拜的粉丝，职务带给他们的社会地位、荣誉、私人飞机，还有所有的其他特殊待遇。

当我与一位处在第三层次的执行总裁合作时，我不止一次见到这种现象。每当他遇到失败或者挫折时，他都会很快想出一个华而不实的新策略或新活动，以消耗他的精力。下一个闪亮的新目标。他变得如此兴奋，从而掩盖了上一次的打击。自从董事会辨认出这种模式，他们就不得不阻止他在下一个狂热项目上继续冒险，然而为时已晚，他的第三层次冒险行为让他们付出了惨痛代价。

对杰里米而言，正是他的办公室主任觉得他从不会犯错。她总是为他挺身而出，安抚他，支持他的决策以及他对上级的评价，而出错的只能是上级。如果事情失败，她会鼓励他，这不是他的错。可以责怪大老板，经济形势，工业水平，监管部门——无论是谁，只要能够缓解他的挫败感。而当事情进展顺利时，她会适时出现，让他如愿以偿地享受明星般的感觉。

她给他鼓气，让他感觉越来越好，感觉"完美"。这种连接关系将一切负面消息挡在他身外。如同所有的第三层次连接关系一样，问题在于这不是真的。这是恭维。事情并非真如她所说的那么顺利。她在给他下药逃避现实。

对于第三层次的领导者来说，恭维可能是其中最坏的一种毒品了。他们为此着迷，而不幸的是，他们的地位正好又为这种毒品的毒贩们提供了完全合适的土壤。他们所顶的头衔让他们觉得恭维确实名至实归，而实际上他们却为恭维者所控制和操纵。许多人认为逢迎上级领导就是他们上升的阶梯。然而这对双方都是死亡陷阱，对领导者而言，这是一种具有超强吸引力的毒品，也有一种格外强烈的递减作用：它会让领导者依赖于他或她所领导的人。他"需要"这种恭维来保持良好感觉，而在那种情况下，"谁是虱子谁是狗"已然分不清楚。第三层次的人要求越来越多，好像永远无法满足。

物质，奖励，荣誉，应声虫和奉承者的认同，性行为，沉溺于个人爱好或物质享乐主义——它们都可以让我们感觉良好……持续一分钟。然后，我们还需要其他的解药。另一份好报告。另一个季度记录或者销售数字。旧的问题还在，而我们需要加大剂量。它永远无法真正达到幻想的效果。

如同所有的上瘾方式一样，渴求更多，这种动力本身成了上瘾的原因。对自身而言或者从自身内部出发，每天都需要努力找到更多的良好感觉。

第三层次是什么模样

第一层次和第二层次都是令人沮丧的情况，但处在第三层次感觉开始过上好日子。它很有趣，充满高能量，不时地鲜花着锦，烈火烹油。经历第三层次的人或者领导者犹如内啡肽水平过高一般，往往陷入狂喜之中。香槟流溢；整日击掌欢庆。有时候整个公司都卷入狂热之中。即使安然公司[一]一时看上去也挺美好。而谄媚的风流韵事当然令人感觉良好……只是片刻欢娱。

我遇到过许多执行团队，他们希望执行总裁能够从外部世界转向关注他们，与他们沟通连接，参与到他们的事情中来，而不是全国奔忙或者全世界奔忙，跟"大人物们"谈笑风生，参与那些"非同凡响"的大事件。当然领导角色的部分内容就是成为公众发言人和企业外交官。然而我要说的内容不是这些。

有这样一些领导者，他们渐渐给团队形成这种印象，成为一个名人，或者至少和名人交往，要比他们的团队和真正的工作更重要。一切只有领导者最重要，这种感觉并不能持久。他们的领导不想听到任何坏消息，这种感觉也不能持久。领导者——或者，某些情况下的配偶——如果不能听从任何批评或者不同意见，不久就会失去别人的尊重。这种连接方式流于表面，躲在盾牌之后的人看上去如同失去了与外界的联系，浅薄无知，并且以自我为中心。

人类想出来的自我治疗方式有上千种，但它们全是我们自己发明的陷阱，并且最终会导致能力表现的下降。我合作过的

[一] 安然事件，2001年发生在美国的安然公司破产案以及相关丑闻。——译者注

一位执行经理最终明白了她的第三层次就是购物疗法。当我给她解释四个层次的概念时，她目瞪口呆。她把我领向办公室内的一个储物间，给我展示证据：裙子、鞋子、衣服、配饰，全都是在工作时购置的。当我问她时，她说，"我现在明白了。这就是第三层次。每当事情不顺利时，或者我与某位老总交流困难时，我就会喘一口气，休整一下。我溜出去购物。到现在为止，我还认为这不过是正常的休整，暂时逃离一切。现在我才明白……它是一种治疗方式。它是一种连接关系。它是……"她停了一分钟，"一种人际关系。我和购物建立了连接关系！"

另一位领导者迷上了《梦幻足球》游戏。只要有一点点压力，有让他感到压抑的事情，他就可以在电脑上浪费几个小时。狂热的高尔夫球爱好者、狩猎爱好者、钓鱼爱好者或网上冲浪运动爱好者，你们有人能听懂吗？

我合作的另一位执行总裁，在晚宴上迟到了。当他到达后，他说，"我要坦白。"

"什么？"我问。

"我有性成瘾……主要是网络色情成瘾。而且我已经为此在治疗小组里寻求帮助。这就是我迟到的原因。"他说。

"有什么收获？"我询问道。

"是这样的，我学到了一些东西。我的诱因之一，就是每当有权威人士比如老板或重要客户批评我的时候。我会冲到成瘾世界里寻求安慰。这让我感觉好过一些。"

"在来这里的路上，我不得不打电话给我的培训支持人并处理我手头的事情。我的老板今天对我很不满意,当我离开办公室的时候,我感觉忍不住要做一些事情让我感觉好过一些,但那样我又会后悔。所以我打电话给培训支持人,然后我们交谈了一会儿,直到一切都过去。这就是我迟到的原因,作为我康复治疗的一部分,我必须坦诚地告诉你,"他说。

他所学到的东西,就是第三层次已经成为他的避风港。每当有其他事情感觉不爽的时候,它能让他感觉良好。但它不能持久,而且也在逐渐损害他的婚姻和他生活中的其他方面。

性,食物,美酒,业余爱好,奖赏,良好的收入,赞扬,获胜,快乐,激动人心的浪漫关系和事件,异国之旅,产品和玩具——它们都是极好的、快乐的而且是终生难忘的。它们值得去享受。但它们永远不能满足你对"搜索连接"的需求。最终,新车的气味消散,战利品光泽黯淡,而新的很酷的关系变得不再那么酷了。然后你的内部芯片返回一个信息:"仍在搜索。"

三个层次的环游路线

我热爱在欧洲开车旅行,因为可以体验环游路线。环游的诀窍在于从正确的出口离开,以免继续在环线里转圈。不得不承认,转圈绕路发生的次数要比我预期的多。不过我乐此不疲,毕竟如果只绕一点点路程倒也无伤大雅。

但是,沿着三个层次的环游路线来回奔忙就不是那么有趣了。你可能经历过那种境地。你从第一层次出发，独自一人感到有些孤单。你伸出手来，希望获取一些支持，或者一种伙伴关系或者社交的感觉。但是你不知不觉地漂移到了第二层次，进入某种连接关系，最终却让你感觉并不太好。现在你感觉很差，比你本来的状态更糟糕，有负疚感，抑或是某种其他方式的自卑感。

就这样，已经受够了，对吧？所以你做了些让自己感觉良好的事情。让我们去第三层次逛一逛，随便选一种解药吧。你吃了一会儿，感到有些释然，然后，趁不太晚，你又调转方向回到第二层次。现在你体会到耻辱感和挫败感，在挣扎中接受自己的又一次屈服。

然后，你再一次回到了第一层次，感觉自己真的再也无路可走。现在怎么办？

当然了，你还可以回到第三层次……再吃一个疗程。有时候你是这样做的。如此循环往复，生生不息。你一次次地经过同一地点，却无法逃离，也找不到出路。还有其他的路可走吗？如果有，你该怎么走？

我们继续看……

The Power of the Other

第 4 章

寻找第四层次关系

需求。一方面，它确实是维持生活正常运转的本质要素。另一方面，它是我们不乐于接纳的一种状态。这是每个人生活里的终极矛盾。

仔细思考一下：在性命攸关的基本需求层次上，你是如何获取维持生命的重要补给的，比如氧气、水和食物？欣然接纳你对它们的需求。氧气、食物和水没有绑架你，也没有对你五花大绑然后强迫你接受它们，在违背你的意愿下入侵你的身体。它们并非不请自来。因为你需要它们，所以才准许它们进入你的身体系统。而只要你与这些需求保持一致，并欣然接纳它们，你就能呼吸、饮水和进食，吸收外部世界提供给你的一切。只要这样做，你就能得到成长和发展。你从外部吸收身体系统所需要的东西，然后你的身体系统对这些补给进行代谢作用，从而形成人体系统的各种重要结构。

人际关系也是如此。虽然人际关系和氧气、水和食物一样必不可少，但我们却经常拒绝接纳它们，更别说寻求人际关系供应的关键性燃料了。我们过于频繁地陷入前三个层次的环游路线，无法触及真正帮助我们成长的事物。我们回避接纳彼此之间互相支持和互相帮助的需求。

心理学者称之为"需求－恐惧"两难困境。我们恐惧因接纳需求而应承受的脆弱性，所以需求一直得不到满足。我们从别人那里需要的东西越多，寻求我们需要的东西就会变得越可怕。我们试图用其他方式来控制这种需求，在前三个层次里游荡，却没有产生任何好结果，而只是强化了限制。尽我们所能地长时间屏住呼吸，最终只会气喘吁吁地渴求人际关系的空气。需求并没有因此而远离。它只会成长，与此同时，对它的恐惧也变得更加脆弱。

幸运的是，你不必忍受前三个层次对现实情况的徒劳无益。还有第四层次，在这里形成了真正的连接关系。然而，你怎么知道它是真正的连接关系呢？

真实情况

用最简单的方式来说，一个真正的连接关系，是能让你成为完整的自我，成为真正的、真实的你，是能调动你的心脏、思想、灵魂和热情的一种人际关系。这种人际关系中双方都是毫无保留、知根知底、互相理解，并且相互扶持的。任何一方的真实想法、感觉、信念、恐惧和需求都可以安心地分享。

在生意场上或者战场中，最好的团队里面就是这种人际关系。最好的生活里面也是如此。无论你处在哪种境地，无论你面对什么困难，你都需要依靠连接关系来取得胜利。它们帮助你弄清楚自身的处境，你需要去哪里，真正的敌人在哪里；它们给你施以援手助你成功。这就是有人"鼎力相助"的意义。正如空降到敌对阵营的海豹突击队队员，第四层次的连接关系来源于三个问题：

- 我在哪里？
- 敌人在哪里？
- 我的伙伴在哪里？

无论第一问和第二问的答案是什么，解决问题的办法一定是来自拥有第三问的答案。如果你迷路了，你可以联系战友兄弟，然后找到出路。如果敌人即将抓住你，你已无路可逃，你可以呼叫救援，你的兄弟们会把敌人赶走。但如果你找不到伙伴们在哪里，那你的麻烦就大了。你可能根本就没有获胜的机会。一切事物最终都是互相依靠的。海豹突击队知道这个道理，所以他们训练的目标就是做到永远有人在背后支持你。我们也应该这样。

伪装的面具

真实的自我与虚伪的自我这种概念，在心理学领域是一种老概念了，准确地代表着它所表达的意义。真实的自我是你的本来面目，而虚伪的自我是你为了保护自己而戴上的面具。

许多执行总裁和高能力表现者告诉我，他们最大的挑战是应对处在这两者之间的压力。限于他们所处的地位，他们无法卸下伪装的面具。曾任英国首相的托尼·布莱尔（Tony Blair）曾经告诉我，领导行为中最棘手的一个方面就是"面孔"。我问他这是什么意思，他说比尔·克林顿（Bill Clinton）对他说过，每一天，无论你如何煎熬，情况多么糟糕，领导人都不得不装上这副"面孔"——希望、力量和乐观的面孔。在这些事情上人们都指望着领导，他说，你必须传递信心，不管你内心到底是什么状态。领导人的公众形象要符合大众预期。他说得没错。

人们需要在领导者的脸上看到希望和坚定的决心。

好吧……只要你知道戴上面具只是暂时的,因为你的人需要它。它也必须是真实的。你一定要真正相信你说的话,必须不能说谎。但这也不是说你就没有其他的情绪——像恐惧、气馁或失意这样的情绪,暂时要藏掖在面孔之后。领导者要面对的问题是:如果没有面具,你能往哪里走?或者如同一位海豹突击队队员提的问题,当我需要让伙伴们知道我需要他们时,他们在哪里?

所有伟大的领导者同他们的支持者对话时——无论是选民、员工还是投资人,都需要充满自信和具有坚持自身信念的勇气,但这些领导者同样需要安全的港湾来抚慰自身的伤口,积聚新的力量,并放松紧绷的神经,展现真实的一面。

太多的领导者认为领导能力的两副面孔无法相容,但我们已经看到,对连接关系的寻求从未停止过。每个人都需要伙伴;我们都需要有能力去表达自身的需求,并且知道有人会倾听并能满足我们的要求,知道我们终究会得到解脱。

有个专业的组织把这种理念付诸伟大的实践,就是青年总裁俱乐部。其中成员分别加入同龄的学习小组,称为论坛。这些论坛经常每月聚一次,一次持续一整天。正如一位执行总裁对我说过,"它不止一次地拯救了我的生活和事业。这里是我唯一能展现真实(这个词又出现了)而且能让人们了解我真实状态的地方。那个团队随时为我守候。在我有需要的时候,他们就会介入帮忙。我觉得它比我参加的任何其他活动都重要。"他继续列举了这几年来团队带给他的几次帮助，包括解决事业难题、人际矛盾、个人事务，团队已经成为带他熬过职业和个人生涯艰难时光的兄弟连。

正如他所说，"除了关心我，并且希望我成功之外，没有人需要对我的成果进行投资。所以，除了一直为我守候、帮助我之外，他们没有其他具体安排，而我可以无拘无束地对他们提出我的需求。"

这只是展现第四层次连接关系力量的一个例子。让我们看看相反的情况，完全没有伙伴往往伴随着昂贵的代价。

丧失信心

利亚姆是一位声誉卓著的心脏外科医生，一家著名医疗系统的负责人。作为行业领先的创新者及其为医疗保健系统创造可观利润的能力，他在医疗领域和商业社会获得了无数殊荣。

他在职业生涯的真正高峰时期给我打电话。"我需要和你聊聊，"他说。"我出问题了。"

我们为他专门空出一天时间飞到洛杉矶，而他告诉了我一个痛苦的故事。

"出什么事了？"我问。

"我犯了一些大错，"他说，"可能毁掉一切的错误，我需要补救措施。"

他接着告诉我一个第三层次行为模式的故事，涉及横跨若干年的几场婚外情——和护士、医院同事还有其他人。他的妻子最近已经察觉,同样察觉的还有他所领导的两家医疗系统的董事会。不用说,这件事情具有严重的连锁效应——实际上更像是一场风暴。

他的妻子搬出家门。他的医院陷入僵局,投资人受到威胁。至少可以这样说,他的合作伙伴不得不解决非常棘手的人事问题。他的四个孩子都受到伤害,幻想破灭。毁灭性的伤害不断积聚,笼罩着他的个人生活和事业。

毫不奇怪,他本人也是灰头土脸。就算在被揭露之前,他也是如堕地狱,过着两面派的生活:一方面,在他的领域和世界里是位领袖;另一方面,则是背叛者和骗子。如他所说,"一切曝光之后我如释重负,即便是以这种痛苦的方式,因为这太折磨我了。"(事实上,他成年的女儿和她丈夫曾经撞见他说谎,出于好奇,跟踪过他的车,然后发现他和一个女人在一起。)

正是这个故事,促成了我们此时见面的契机。

"我来此见你,"他说,"希望你能给我的计划提一些建议。我想让一切恢复原状,拯救我的婚姻,然后真正地改过自新。所以,我已经做出一些非常严肃的承诺,并且落实了一些我认为有用的事情,我还想听听你对这个计划的看法。"

他还是有希望的,他说他的妻子可以放他一马,只要他确实严肃认真地改变自己的行为。否则,她也无能为力。就目前来看还不算太坏,我这样想。我问道,"你有什么计划?"

"是这样的,我向苏珊承诺做一位更好的丈夫,更加照顾她的需要,"他这样开头,"我发现自己在不工作的时候有种结账走人的感觉……我的工作压力很大。有时候我会忽略她的情感需求,我打算不再这样了。"

利亚姆描述了他在实施高风险外科手术中承受的难以置信的压力,"极其容易就要了这些人的性命,"他脱口而出,"我承受的压力简直令人发疯……但这就是我的工作性质。我必须小心翼翼,不能出错。天天如此。"

他承认,结束一天的工作回家之后,他只想来点儿马丁尼酒,然后无所事事地闲待着。但现在他打算做出改变。"我已经承诺要做一个更好的伴侣。每天晚上我们都会一起散步,共进晚餐,我还会认真地听她说话,"他解释道。"另外,我已经同意参加婚姻咨询,去学着成为她需要的样子,去经营我们之间的感情。要做到更好。"

他还描述了这个宏大计划的其他方面,包括每天阅读心灵读物,饮食更健康,更多运动,并改变生活方式中的其他方面。"但最重要的,"他补充说,"是以成为一位更好的丈夫为中心,确保我能给出她需要的东西,弥补我以前忽略掉的东西,"他强调了一下,"我列了一个清单,包含我承诺要为她做的事情,我现在就靠这个活着。"

就在我认真地听着,思考着这所有事情的确是美好生活的精彩要素——与他配偶之间的亲密关系,精神上的自律,健康的生活方式,婚姻咨询,努力完成对她的承诺,还有其他——我开始变得越来越不安。倒不是因为他不需要做出所有这些改变。他确实需要改变。我变得不安只为一个简单的原因：这个计划要落空。肯定落空，铁定无疑。

当他转述这个计划时我同情他，现在我开始同情她了，因为下一列失事列车肯定是奔着她而去的。

"那么你觉得怎么样？"他问。

"想听真话吗？"我回问。

"当然。"他说。

"我觉得你正在走向另一场心力衰竭，如果用你的语言来说。"

震惊之余，他问："你是什么意思？"

我说："我觉得你大概也给你的上百位心脏病患者说过同样的话。他们患有心力衰竭，然后又没有解决导致心脏疾病发生的生活方式问题，你当然知道他们的心力衰竭还会复发。你可以看到它已经在来的路上。"

"但是我已经做出了许多改变，"他反驳道，"很多啊！"

"我知道……这才是我所害怕的，"我回答说，"你所做出的改变全都在让疾病更加恶化，而不是改善。你把问题弄得更加复杂，并没有起到修补作用。"

"怎么会这样？"他问。

"你使用的每一条策略都需要你更多的付出。更多地给予。更多的自律。更多对正义的服从。更多的努力。更多的服务和牺牲。所有事情都取决于你，所以并不会奏效。"

"但是……为什么？这些事情都是我需要来为之改变的啊。"他说。

我重拾耐心并解释道,尽管他列的清单解决了婚姻内的问题,但是它们却不能修复导致他之前婚外性行为的根本问题。"你还会再犯的,"我警告他,"如果这就是你的计划。我向你保证。"

"可是为什么呢?我真的承诺不再做那种事情了。"他说。

我相信他。但这种方式存在一个根本的问题:整个计划取决于他的表现和他的付出。我这样对他说,"简而言之,它取决于你的力量来使之奏效。它基于你的能力。你的付出。这才是问题所在。你一直以来的行为表现都是出自你的需求,你的弱点,还有你的脆弱性。而你的这些需求、弱点和脆弱性仍然存在。它们并没有离开。这个策略没有给这些需求带来满足,没有给这些弱点带来力量,也没有给你灵魂感到脆弱的层次带来帮助。"

我观察到,在他的计划里,没有任何内容建议他如何接受帮助满足他的需求,或者以任何方式满足自身需求。全部计划就是关于表达力量,而没有任何内容与力量的形成有关。这就像耗尽汽油的汽车,而给这辆车开出的药方就是让它"自己给自己加油",然后开得更好。

利亚姆的问题不是由他的力量造成的,而是由他的弱点、脆弱性以及未得到满足的需求造成的。我猜测如果我们回顾他的个人历史,我们会发现一大堆的金星奖章、奖状和荣誉勋章——当然这些都是很好的。但我怀疑我们能发现体现利亚姆脆弱性的例子,以及他依赖其他人获取力量、鼓励或支持的例子。

"你可能获得的唯一鼓励,"我暗示道,"就是当你表现良好时,通过荣誉和奖杯来实现的。"当利亚姆点着头表示同意时,我指出真正的鼓励只有当你感到气馁、脆弱或消沉,并需要**来自别人的帮助**之时才会到来。而在缺乏鼓励的时候,利亚姆一头扎进完全错误的地方寻求安慰和连接关系,投向大量女人的怀抱。"这个地方让你真正地卸下所有防备,"我指出,"而且有人为你守候。对你没有任何要求,只是为了取悦于你——这与你平常14小时为别人守候的情况完全相反。"

他怔怔地看着我。沉默。盯着视野的中间……一言不发。这一刻很奇怪,他看上去完全不知所措。

所以我就问道,"你记得有过需要别人或者依赖别人的时候吗?"这时候情况才变得真正有趣起来。

他望着空中沉默了一会儿,然后说有些事情让他的脑海里涌起许多不同的经历和回忆。"我刚想起来一些事情,可能和你所说的有关,"他说。

"是什么呢?"我问。

"它听起来可能有些怪异,但可能就是你所意指的。在我大约16岁的时候,我父亲的酒瘾已经到了危急关头,他不得不去康复中心接受治疗。这件事情总是围绕在我们周围,但就是没人真正去捅破它。我们只是不停地兜圈子。然后,最终他去参加治疗。就好像有什么不吉利的大事发生了。"

"然后,当他在里面接受治疗的时候,我的母亲精神崩溃需要住院治疗。医生告诉我们,她已经失常很久了。我有两个妹妹和两个弟弟。那天晚上,当我父母都离开的时候,我记得我走到院子里望着天空,想不出今后我该怎么办。这一切的记忆仿佛就在昨天……我几乎在自言自语……我可能已经大声说了出来,'以后再也没有人可以依靠了,一切都要指望我自己了。'"他郑重地说。

利亚姆意识到从那时起这就是他的生活方式:照顾兄弟姐妹和其他所有人,兢兢业业地读完大学,毫无怨言地接受八年训练成为心脏外科医生。这些全部都是付出。

我启发他,他所描述的内容听起来很像人类心脏停止工作时发生的事情,这个例子他肯定能理解。

"好,"我说,"试试这种类比。人类的心脏不是有四根管子吗?两根输入两根输出?"

"是的……差不多,继续说。"他说。

"所以,它就好比你有两根堵塞的静脉。你总是向外泵出,不断付出,但是没有东西输入。"我这样说,指导着当今的一位心脏外科手术权威,教他如何让打比方的心脏正常工作。"你的全部生活就是成就,在你需要成长的方式上只有给予而从来没有吸收。在某种程度上,必须给予某些东西。你开始寻求某种方式来满足这些需求,然后把某些东西吸收进来。获取安慰——关怀。你发现一种相当好的方式。一种许多高输出能力表现者经常依赖的一种东西:性爱。而且它有作用,暂时有用。问题在于,这些未能满足的情感需求永远无法满足,只有性需求就无法满足。你永远需要更多,就像毒品一样。而且还有另外一个问题，它会给你的生活带来真实的后果——会影响你的婚姻，你的职业生涯，一切对你而言重要的事情。"

利亚姆因为忽略对外界和他人帮助的需要而陷入困境，现在，作为修补，他为婚姻和健康构想了一个计划，而这个计划却再一次建立在他的一己之力之上，并且完全依赖于他的一己之力。"你想出的这个答案实际上却是问题本身：它全部依赖于你。你又回到了高中的那个晚上。"

"所以……你的计划是怎样的呢？"他问。

我建议他在自身之外寻求帮助——正如人们在不能修复自身心脏问题的时候，就会召唤专家来帮忙。他们不会亲自动手。

"这样来看。你是如何成为一位伟大的外科医生的？靠你自己吗？不是。你承认自己的不足，然后寻求其他人给你帮助。他们传授你知识和专业技巧。他们为你做示范。他们教导你。他们在你犯错的时候纠正你。当你面对夜以继日的多台手术，无法再多坚持一周的实习期时，他们与你肩并肩并鼓励你。当你失去第一例病人时，他们带你走出阴影。当你需要学习最新的技术或者设备或者医疗方案时，有人出现并帮助你。真相就是，你之所以成为现在的你，在那个舞台上独领风骚，是因为有他人的力量帮助你抵达这个境界。但是在这些领域，让你展现自身的脆弱其实非常容易。没有人指望第一年的住院医师就知道怎么做心脏移植手术。寻求帮助对你来说要容易得多。而且我很肯定，你不是一个'自学成才的外科大夫'，你的患者对此应该会很高兴。因为你学自最好的老师。现在你只要在余生弄清楚如何做同样的事情,不要做一个'自学成才的人'。"

不一样的计划

一年以后,这位医生和我再次交流。他第一次拜访我的时候,我整合了一个计划,与他的计划种类非常不同,是关注于构建第四层次连接关系的计划,他欣然接受并实施了。结果,利亚姆成功地把他的职业生涯和婚姻生活恢复到健康状态。他已经加入一个 SAA(嗜性匿名者互诫协会)团体,和高能力表现者互助团体一样;他已经开始接受个别辅导和咨询课程,并且和他的妻子一起参加每周的婚姻咨询劝解会。在他的 SAA 团体里,他也有一位随时可以求助的支持人,他们也是每周见面一次并共进午餐。

作为一位外科大夫,他肩负的责任尤其重大。但他却这样对我说:"我必须告诉你,一年以后我的整个生活都变样了。一年以前,你说我的计划不管用。那时候我不知道你在说什么,但我信任你,因为多年以来,你见多了像我这样的人。正是那一瞬间,才导致如此清晰的伟大时刻:我必须要用不同的思维模式来寻求康复,它需要我面对自身的弱点和脆弱性,并且伸手向外界寻求帮助。"

利亚姆讲述了他如何在专家的帮助下,认识到自己一直依赖于行为的自我治疗模式,从而影响了他的工作、婚姻和家庭生活。最后,不得不"投降"于这一事实,承认他确实有需求,他需要别人来帮助他。

当利亚姆向其他人敞开心扉，分享他的恐惧和不安全感时，他有了另一个重大发现：大量的顶级成功人士在为同样的事情而困扰。"当我听他们说话时，我从他们身上学到不少……当他们分享自身的问题时，我对自己的了解加深，并知道我需要做什么。听听他们的故事，对我而言真的受益良多。"

他的康复，另一个重要方面是负有责任感。知道有其他人介入你的事情，看你如何行动，会给整个计划带来重要的资源。当你的挣扎不再是秘密，不再是只有你要解决的问题，你可以从他人的鼓励言语中找到解决方法和支持作用。利亚姆如此总结："像我这样的人，大问题在于我们认为自己是角斗士。我们可以杀出一条血路，并且永不放弃。然而面临自己的需求、脆弱性或者弱点时，角斗士心态就会功亏一篑。我们不能单打独斗。"完全正确。

了解你的需求

第四层次是人们拥有真实连接关系的地方，在这里他们可以保持真实——不复制，不虚伪或模仿，如同韦氏词典定义的真实（authentic）。当你能找到一个保持真实的地方时，你就有机会接近一直想要的资源。最终，需求会得到补充和满足。

一位海豹突击队队员需要他并不具备的力量……直到他看见好兄弟站在岸边，挥舞拳头给他加油打气。

第 4 章　寻找第四层次关系

一位外科手术权威需要弥补、复原和重获新生……然后在过程中从其他人那里找到了信息和支持。

迈克尔·菲尔普斯（Michael Phelps）需要超越自身极限去赢取奥林匹克历史上最多的金牌……然后找到了鲍伯·鲍曼（Bob Bowman）教练。

无论是在体育界、商界还是军事领域，一直都是因为有其他人的力量，才让一切大不相同。理查德·布兰森（Richard Branson）[一]在他的书《维珍的路》（The Virgin Way）第 15 章里讨论领导能力时，引用了金克拉（Zig Ziglar）的话："许多人比自己想象中走得更远，是因为他人认为他们可以做到。"他说这话的时候是在神经科学能对此做出解释之前。在他的事业早期，布兰森尚在父母的良师益友大卫·比弗斯（David Beevers）的羽翼庇护之下。他每周花一个晚上的时间和比弗斯在一起，获取事业上的指点。比弗斯甚至帮助布兰森学习财务会计的基本原理。如果这位年轻的企业家无法表露自己需要帮助呢？无法真实面对自己不知道的事情呢？如果他害怕受到伤害而躲进第一层次封闭自己呢？或者进入第二层次试图证明自己呢？或者进入第三层次用性爱或毒品来麻醉自己呢？那就不会有维珍集团了。然而，他真实地抵达第四层次寻求力量。

在他进一步深入开创维珍航空之时，布兰森转而向一位航空界老牌的行家里手弗雷迪·雷克尔（Freddie Laker）请教。从教他如何在没有钱的时候（你试试看）和大企业比如英国航空公司竞

[一] 英国亿万富翁，维珍集团创始人。——译者注

争，到展示如何"在航空业经验为零的情况下"建立维珍大西洋航空公司，雷克尔被布兰森称赞为帮助他完成一切的精神导师："若没有弗雷迪脚踏实地的智慧指导，我在航空业将毫无建树。"

思考一下吧。

- 亨利·福特（Henry Ford）有托马斯·爱迪生（Thomas Edison）。
- 马克·扎克伯格（Mark Zuckerberg）是由史蒂夫·乔布斯（Steve Jobs）指导的。
- 比尔·盖茨（Bill Gates）有沃伦·巴菲特（Warren Buffet）和埃德·罗伯茨（Ed Roberts）。
- 杰克·尼克劳斯㊀（Jack Nicklaus）有杰克·格鲁特㊁（Jack Grout）。
- 迈克尔·乔丹（Michael Jordan）有菲尔·杰克逊（Phil Jackson）㊂。
- 比尔·休利特（Bill Hewlett）和戴维·帕卡德（David Packard）㊃有弗雷德里克·特曼（Frederick Terman）㊄。
- 雪莉·桑德伯格（Sheryl Sandberg）㊅有拉里·萨默斯（Larry Summers）㊆。

㊀ 著名高尔夫球员。——译者注
㊁ 著名高尔夫球员。——译者注
㊂ 湖人队主教练。——译者注
㊃ 惠普的两位创始人。——译者注
㊄ 硅谷之父。——译者注
㊅ 现任 Facebook 首席运营官。——译者注
㊆ 美国前财政部长，哈佛大学校长。——译者注

没有完全靠自己的力量成功的男人或女人。每一位伟大的领导者都会向能够满足自身需求的人寻求帮助，无论这种需求是什么。人类需求的范围很广，但是满足这些需求的方式极少：它包括谦逊而真诚地接纳需求并伸手向"他人的力量"求助。没有其他的办法。

超过25年时间里，我与多名位高权重的执行总裁和其他顶尖人物合作过，其中有一个特征尤其突出：成就最大、发展最好、克服困难最多的人，从不畏惧说他们需要帮助。大多数人都是自发向我求助——即所谓的"自我推荐"，这一点和那些被老板或董事会要求来接受辅导的领导者截然不同。他们带着议程表过来，上面列举了他们需要得到帮助的事情。其中有些人掌管着财富25强企业，监管着上亿的财富，而他们却说，"我这里需要求助……"我时常为他们的谦逊感到讶异。能听到一位真正伟大的领导者如此脆弱无助地说，"我这里需要有人帮忙。"这是何等的荣幸和优待啊。看到他们的真实如此富有美感和力量，我内心时常汹涌澎湃。人的需求是如此真实，即使那个人在许多方面都很"伟大"。

自然地，我也遇到过其他类型的领导者：有些人并非真正想过来寻求帮助，他们不能接受也不想接受自身的需求。他们一切都有自己的答案。如他们经常所说，他们"真的不需要帮助，但是我的董事会想让我和你谈谈。"在过去，我会尽一切所能地把他们的抗拒转化为某种类型的成长或内省……转化成某种重要的事情，任何事情。这是很有价值的；这是高尚的工作。然而最近我却感觉像电影《致命武器》(*Lethal Weapon*)里的丹尼·格洛弗（Danny Glover）。当他和梅尔·吉布森（Mel Gibson）被枪击之后，他大声喊叫，"我老了，受够了这种烂事！"努力想各种办法，让某些人看到他们有求助的需要，这种事情我可不想再做了。我想把时间放在有需要的人身上。为什么呢？因为他们才是能成长、会变得更好的那种人。而这才是真正的学习：他们无论在哪方面都是最好的！最好的人，最伟大的能力表现者，都是谦逊的人，知道自己需要什么，而且能够自由地表达出来。

这就是董事会的最大问题之一，有时候也是执行团队的最大问题之一。领导者有时候会网罗一伙应声虫作为董事会成员或者执行团队成员。他们完全站在领导者身后，这当然很好，但制衡局面就没有了。领导者无法放下姿态来接受帮助，而董事会害怕告诉他，他需要帮助。皇帝并没有穿衣服，却没有人告诉他！

然后就是真正的超级巨星了，他们拥有极高的天赋和头脑，明白自身没有完成大事所需要的所有力量，但他们需要的一切力量都确实存在——在别人手里。所以他们求索。他们需要。他们接纳自身的需求，然后从真实的、脆弱的境地获取连接关系。他们成长。他们学习。他们兴旺发达。我热爱与这样的人共事。

去成为这样的人吧，不管你处于何种状态。保持谦逊。向第四层次前进，找到能满足你需求的那个人。无论是为了获得情感支持、勇气、智慧、专业知识还是纯粹的社交，去第四层次吧……留在那里。

The Power of the Other

第 5 章

远离消耗型关系，好的关系带来滋养

你有过颠覆你世界观的奇遇吗？比如当你发现曾经以为对的一切全都错了，现实和你的理解完全相反之时？如果你在商界待过很久，你可能已经遇到过。它们可不好玩。举个例子，我有个朋友在外地购买了一整家汉堡连锁店，然后决定去其中几家门店实地看看。他发现许多门店都快要倒闭和破败不堪，远不如他想象中要购买的门店的样子。

我也有过这样的经历，它曾是我商业生涯中最黑暗的日子。我拥有过一家公司，请人来经营并且对他寄予厚望。我分拆掉它的一些其他部分，把重大资产剥离出来，并且觉得我已经万事俱备。我任命的负责人是通过别人推荐而引起我注意的；我认为公司就是需要他这种背景和经历的人来迈上一个新台阶。真是令人激动的时候……后来却并非如此。

12月初的时候，他在我的办公室里出现，请求我迅速注入一大笔现金给公司，用于发薪水和支付其他费用。我完全无法相信自己的耳朵。几个月以来，他给我提交的预测报告都表明年底之前我们已经有大量进账收入，然后还会有相当巨额的现金支付款。我准备收到一张大额支票，现在他却告诉我如果我们还想维持经营，我得先写一张支票。

即使是在这种我觉得不可能的经营状况下，我的第一想法仍然是我们有大量的应收款项，而他只是遇到了现金流的短缺。很明显他只是需要一些短期的融资，直到开始进账就好。我只需要找出更多的资料然后大家一起解决问题，之后我就能收获利润。

但是——这种类型的故事总有"但是"——当我在那天余下的时间里发现余下的事实真相时,我认识到自己已经如立在流沙之上。不单单是流向我们的应收款项少得可怜;总收入也没有多少。差不多他说的已经为明年预订好的所有业务根本都没有预订好。它只是"计划好了"。很少是以书面形式存在,没有保证金,没有确认函。他努力忙活的就是这些,事实上根本都不存在。然后真正的坏消息击中了我:本年度也没有利润。他一直在亏损运营,而且我们对许多供应商和销售商欠下了重大债务。这可能是最糟糕的场面:财政上完全沉没,油尽灯枯,而且还有严重走高的资金消耗率。我完全目瞪口呆。

然而我不仅仅是在事业上捉襟见肘;我的个人生活也让我焦头烂额。我觉得自己完全是个白痴。我无法相信自己竟然如此失策。我居然在没有真正地做好全部应有的调查的情况下雇用了某人;我只是听过朋友对他的只言片语,然后就认可了他简历上的表面价值。我本来应该多花点时间和更多人谈谈的。然而,我考虑得越多,越发现他之前取得成功的背景与我给他安排的位置非常不同,因此之前促使他成功的某些因素现在都不成立。我本来应该看到的。

更糟糕的是,我也忽略了对他的某些直觉。我忽视了那些直觉,认为他能够按照我的需求完成一切,如他的简历上所写,即使直觉告诉我不该如此肯定。最糟糕的可能是,我有一段时间没深入了解运营状况,太像一个甩手掌柜了。

哇,感觉真不好受啊。我看着自己亲手造成的烂摊子,痛苦万分,而更糟糕的,还有对未来的灰心绝望。就算事业还有救,我也要花许多时间才能走出困境。我能想到的只有我怎么会那么白痴!我怎么会让这种事情发生?

然后事情越发不可收拾。那天晚上我在家里,站在露台上,电话铃声响起。我本不太想接电话,但是身处困境之中,我觉得还是看看是谁打来的。当时来电显示还未出现,所以你只有接起电话才能知道对方是谁。当我接起电话后,立马就后悔了,因为我认出了这个声音。

"发生什么事情了?"我朋友问道。

他是我在那段时间主要的企业导师,是在我生活中最有影响力的人物之一。当我从学校毕业之后,他就把我收归羽翼之下,教给我的商业知识比我学三个 MBA 加起来还要多。他在几个行业都是风生水起,从金融到娱乐到地产到高科技。在我眼里,他什么都做过而且都已经做到了极致。

我的心沉入谷底。我正处在人生最大的失败之中,而这位超人却在这一刻突然打电话给我。为什么不是某个比我更加失败的人打电话给我呢,别是这种看似永远不会犯错的人好吗?而且偏偏又是他花了大把的时间和精力在我身上,教我如何正确地做事业。我对自己的现状感到耻辱,更羞于向他承认我的所作所为。

"嗯……发生了很多事,"我回答,"情况真的不好。实际上,是相当糟糕。"

"到底怎么了?"他问道。

"我真的完蛋了,"我坦白了。然后继续把整个故事告诉他。我搞砸了。完全搞砸了。

他在电话那一头沉默。我等待着他猛烈地批评我,责骂我做过的事情。然后他说了:"这样啊,我们都遇到过。"

等一下……他说了什么?我想一下,他说了"我们"?像他这样的人,也遇到过这样的事情?

"谁?遇到过什么?"我问道。

"我们都犯过这种错误,"他说,"我们都雇用过错误的人选,或者和错误的搭档合作过,我们本该有先见之明。却最终付出昂贵的代价。"

"你也这样干过?"我问。我无法相信自己听到的内容。

"当然,"他说,"任何有所成就或有所作为的人都犯过错误。我们都会有那样的教训。"

当我们继续交流的时候,当他理解并关心我的时候,我的内心起了变化。一种非常了不起的变化。就发生在几个瞬间的过程之中。这种重大的变化,我甚至都无法解释。这种重大的变化,几年之后的神经科学才能给我解释。

从外部来看,情况仍然像他打电话之前一样黯淡凄凉。但我已感觉大不相同。我的头脑中一片澄明。我可以感觉到思维机器再次运转。我感觉在过去笼罩的乌云之中,某种从未感知的能量升腾而出。我不知道如何描述它,只能说我就是大不相同。它类似于那样的时刻,当你已经病得非常非常严重时,而发烧突然退却,或者药物开始见效,一时之间,你感觉几乎完全恢复健康了。就好像有些光芒刺穿了黑暗的风暴。到底发生了什么事情？

现在我们从科学上知道，我之所以能恢复"正常"，是由于他的共情作用，他有能力与我沟通并让我知道他理解我，认同我，而且支持我。我的大脑化学条件发生了变化。阻挠我思考能力的应激激素带来的影响正在减弱。我的高阶思维机器正在补充维持它运行所需要的各类化学物质（神经递质，大脑的燃料）。

从情感上看，有几个原因让我感觉不再那么气馁，至少是不再感觉自己是这个星球上唯一犯下如此蹩脚错误的人，此外还因为我已经瞥见了一丝希望。与好朋友的这番交流让我明白，我也可以从这堆烂摊子里重整旗鼓，就如他曾经所做的一样……而且未来的日子可能会更好。从现实上看，我也感觉到有所不同。我觉得精力已经恢复，随时准备推动我向前寻找出路。

现实情况并没有一丝一毫的改变。除却一件事情：我已经接入了他人的力量。在我们交流过后，我有了继续奋斗的力量和勇气。我的油箱已经加满。

当我们与他人形成连接关系之后，我们可以感觉到身体和精神能量的转变，但让我们真正地接受——这种能量和能力转变的实际情况有多么真实，仍然比较困难。促使我们一鼓作气或者偃旗息鼓的东西到底是什么呢？正如西格尔博士所说，"真正受到调控的是什么'事物'，通过我们的身体和人际关系交流所分享的是什么东西呢？答案就是能量。"

西格尔博士已经花费多年的时间去试图理解这些过程。除了别的以外，重大发现如下：

人际关系，人与人之间的关系，不仅增强了我们的心理功能，实际上也发挥了传授心理功能和提供心理功能的作用。能力就是通过能量和信息形成的。我十分热爱西格尔使用的有关能量的定义，借用了物理学家的措辞。它就是"做某种事情的能力。"

说到这里，我真的需要做些什么来挽救我的事业。但首先我得重新获得我所丢失的能力。正如海豹突击队队员通过马克与他的沟通，重新获得完成游泳比赛的能力一样，我也从朋友的电话中获得了类似的能量输入。结果，我身体的能力，我的心灵，我的情感自我，以及我的许多其他部分都发生了改变。随着新能量的注入，我得以走出沮丧和挫败的感觉，并且开始解决问题。

补充燃料

源自人际关系的能量不是那种很容易完全理解的事物，即使通过实际经历和神经科学已经很清楚地说明，它拥有非常真实的效果。

我曾经去过电视唱歌比赛《美国之声》的决赛现场。我们都坐在观众席上等候比赛开始，然后有人出现了，是个类似拉拉队队员、喜剧演员和具有闪电效果的人物。他让全场观众活跃、鼓掌、欢呼和大叫。现场气氛为之转变。同时,制作人在四处活动,和片场每个人沟通并鼓劲。

然后,在现场热烈的气氛之下,音乐响起,卡森·达利(Carson Daly)出场,然后节目开始进行。在表演者进入现场之时,能量已经可以感觉得到。(如果现场有合适的设备,我们大概已经在扫描观众的大脑来观察效果了。)我丝毫不怀疑它给表演者的发挥带来的影响。参与暖场的这个人或者乐队提供了重要的功能。对于观众和表演者一类的人而言,暖场的他们进行的常规表演不仅仅是填补空白,而是推动整体气氛的一种燃料。

诺埃尔·蒂奇(Noel Tichy)是一位研究领导力的专家,是杰克·韦尔奇(Jack Welch)[一]时代通用电气公司 GE 的一位顾问。在《领导力引擎》(*The Leadership Engine*)(Harper-Collins,2009)一书中,他写道,"所有的组织天生具有能量,因为它们是由人组成的,而人具有能量。但是在成功的组织中,人们似乎拥有更多的能量,而且他们必定更富有创造性地使用这些能量。当失败者把他们的能量浪费在消极的活动中,诸如内部政治斗争和对抗符合市场需求的改变时,而成功者则积极地运用能量战胜困难并迎接新的挑战。他们这样做,是因为他们的领导核心明白积极的能量创造积极的结果。他们把能量作为一种竞争的工具,像理念和价值一样。"

蒂奇提出了一个重要的观点。燃料并非总是和高能量的活

[一] 通用电气前董事长兼 CEO。——译者注

动有关，比如对人们大喊大叫，或者惹怒他们。举例而言，当我面对自己的事业危机时，我的导师根本没有大喊大叫，也没有试图粉饰真实情况。他没有说我的第二次世界大战（简称二战）老兵父亲经常对我说的那些话："登山者眼里没有小山。"相反，他与我沟通，了解我此时的状态，而结果就是给我注入了能量。

能力表现的真正燃料首先来自连接关系的体验，而这种体验只有在第四层次才有，在此你能感觉到其他人与你同在，并且支持你。这就是神经科学和像西格尔博士这样的研究者反复展示的内容。然而，在某些情况下，补充燃料需要的不只是一个安静的、善解人意的聆听者。有时候它必须也是以行动为导向的。用以下方式思考一下：有时候你不得不推动一辆没电的汽车，通过突然松开离合器踏板来发动汽车。这些时候，就是需要真正关心我们的人在第四层次叫醒我们的时候。

我们很多次都混淆了这个问题。我们认为，第四层次中真实和真心支持的人际关系，只能是快乐的想法并且总是"积极的"。它们在本意上和在想要的结果上是积极的，但有时候却需要谈论许多负面的东西。如果我们不明白或者没有以某种方式来行动，我们的第四层次朋友有时候就不得不唤醒我们，而且会相当冷酷无情。他们不得不说一些难以接受的话语，有时候听起来令人很受伤，但是就如同手术刀的切割能挽救生命一样，朋友冷酷却好心的启发也能拯救我们的生活。为了达到下一个层次，我们需要这些松开踏板启动的方式和真相的时刻。

最近我在一个执行团队会议里和大家讨论了这四个层次。

理解了这个观点之后，首席市场执行官说，"好的，所以我们全部都在第四层次，对吧？那么关于我们一直以来看待这个项目的方式，有些事情我不得不说。"然后他继续说一些让某些人听起来很难接受的话，但事情发展很顺利。它有助于他们正在讨论的这件事情——在第四层次我们互相关心，并且我们只说实话。我们富有建设性地对待它，而不是以个人好恶来对待它。在互相关心的第四层次里，当每个人都理解讲真话的机制时，就会发现这是个非常强大的东西。

信息和学习带来能量

给你的系统注入新能量的另一种方式就是收集新的信息。通常一种新的连接形式，一段新的人际关系，能给你增加不同的技能、知识和专业技巧。当一个陷入困境的团队吸收一名新成员时，此人会引进新的知识、智慧和洞察力，给团队释放新的能量。整个团队得到提升。

尤其是遇到自我改善的活动时——比如瘦身活动或者克服成瘾习惯的活动——我们需要用团体的能量对自身进行补充，以保持与团队计划同步。研究表明，如果你所在的团体是朝向健康的目标或者是克服某种困难的，你获得成功的机会将大大提高。这就解释了为什么像体重守望者（Weight Watchers）以及其他辅助机构会如此成功。他们把朝着健康方向前进的人们聚拢在你身边，而那种积极的能量是有感染力的。其他以目标为导向的方式也是如此。聚拢在我们身边被目标驱动的人越多，我们自身获得的能量就越多，也更容易接近目标的实现。

当你增加信息和学习时，能量只会强化。保持学习曲线和同伴压力是非常健康的。同样的动力也出现在成长的安排中。举例而言，在体重守望者团队中，如果有人参加了小组，他们不仅会获得辅助，也会获取与改变生活有关的新知识来补充自己。

如果你是商业领袖，请一定要带上你的团队和员工去参加非现场学习、领导力研讨会、继续教育等类似的活动。把他们置于交叉职能的任务之中，把他们借给其他的老板、部门和公司。保持学习的劲头高涨，那么能量自然也会保持高涨。杰克·韦尔奇就是以将这种学习能量注入通用公司 GE 而闻名。我曾经在《领导阵容》(*Leadercast*) 上采访过他，并且问过这个问题。他说自己花了一半以上的个人时间在 GE 传授领导力！想想吧：世界最大的公司之一，而执行总裁利用个人时间教育他底下团队的领导者们。但是，一个学习型组织所拥有的能量优势要比一个故步自封的组织巨大得多。

也可以用简单的方法来做到这些。只要每个月找一本关于领导力的好书，让团队成员来阅读，然后每周花一点时间讨论你们所学的东西。看看能量提升的状态。

正确类型的能量

此处打包赠送获取情绪能量的实用方法。个人生活里，你把自身置于哪种能量之中呢？是积极的能量还是消极的能量呢？是以目标为导向还是故步自封呢？健康还是不健康？你的第四层次加油站在哪里？你从谁身上获取能量和成长呢？在你的职业生活中，拿相同的问题问问自己。谁给你补充燃料？谁给你带来新智慧、支持和其他补给的能量呢？我们都需要补充燃料，而知道去哪里补充则非常重要。

我近期给一位执行总裁安排了一个非现场活动，来解决某些非常困难的决策问题，而且我建议他确保不能让一个特定的人参加这次活动。他对我的建议很惊讶，问，"为什么他不能参加？他对这个市场很熟悉啊。"

"我知道，"我说，"但是这个团队要开始变得富有创造性，要得到启发之后才能采取下一步行动，而这就需要创造性的能量，积极的能量。无论他能为团队带来什么知识，都会被他在团队中释放的消极能量所贬损。"

"我的天！还真是这样。"他同意道。

无论是作为领导者、父母亲还是配偶，考虑一下你所创造的动力，是会帮助释放积极的能量还是消极的能量。我所说的不仅仅是你本人给这些邂逅带来了何种类型的能量，还包括他人带来的能量类型。比如说，我一直在观察和思考我青春期的女儿们所处的同龄群体和朋友圈。我希望她们与充满活力、积极进取、充满爱心和互相鼓励的孩子们在一起玩耍。作为父母，你希望孩子们真心投入的是这种类型的人际关系。能量是具有感染力的，所以，为什么不尽你最大的能力确保进入你的孩子生活的能量，能够推动他们前进并对他们有所提升呢？

看看你现在的生活和工作。围绕在你身边的是能够为你提供燃料的人吗？作为自身生活的管家，每隔一段时间，你都要确保生活中有这种类型的第四层次"加油站"。比如，我有一个定期见面的小团队，并且我知道，无论当时我在做什么，和他们相处之后，我都会感觉更好，更有效率。我对此非常肯定。自己算算账吧。

类似地，开始注意那些榨干你能量的人。我不是提倡某种以自我为中心的、虚伪的新时代态度，比如你突然间对某人说，"对不起，我感觉到这里的消极能量了，我不允许它进入我的生活。"然后扬长而去并且扔掉此人的联系方式。我们都不想与那种从不想被"消极能量"打扰的人打交道（尽管的确有些人际关系最好还是结束为妙！）。很显然地，我们不可能、也不应该总是绕开艰难的局面。作为一个富有成效的人，就是要能真正地改变你周围的世界，意味着你有时候要有意地进入消极局面，并努力使它们改变。你不害怕问题或者"问题人物"，所以你不能、也不应该试图避免所有的消极情况。接纳它，并且尽你所能地去促进改变，注入积极的影响力。如果可能的话，做变革的推动者。

尽管如此，生活中榨干你能量的人是谁，为什么你会把时间浪费在他们身上，以及他们会给你带来什么样的冲击，去了解这些仍然是非常重要的。了解你要采取什么策略才能确保自己不会被这些遭遇所感染，这也是很重要的一点。记住，有时候医生戴口罩是为了避免获得和输出传染病。在某些高危毒害环境下，他们会穿上生化防护服！所以，如果你正遭遇某些真正消极的能量，不管是不得已还是有意为之，都要确保采取预防措施以避免被感染。目前我们听说了许多关于"管理你的能量"。它很重要，但不仅仅是关于管理你的工作量和休息安排；它和管理你身边的能量来源一样重要。这是强烈的人际关系作用。人们释放能量，然后有人把能量带走。了解这些区别，然后相应地做出安排。

对领导者来说，另一个能量和新信息的源头就是我所谓的聆听之旅。这些与员工之间结构化的有意的交互作用或者接触点，本来是用于确认可能影响个人、团队或者公司业绩表现的消极能量来源。我鼓励领导者倾听并解决那些造成员工能量枯竭的主题，尤其是那些在公司本身和领导层面制定的政策或策略，却导致困难和压力的那些领域。不要回避解决这些消极能量。只有——倾听——才能带给团队积极的能量，才能开始有所改变。

我已经看到它在各种情况下奏效。在一个案例中，机关办公室和项目现场之间有真正的裂痕。由首席运营官主导的聆听之旅，帮助消除了交流失误并且重建了信任。它提升了分支机构团队的能量，使他们有勇气提出自己的想法来应对自身的挑战。他们毫无疑问是在更高水平上思考问题了。为什么呢？因为他们的"思想者"通过新能量的注入而改变了。

起先，这感觉就像一个巨大的投入，但是当你看到结果时，你会认识到这是多么重要而且相对容易的选择。如同任何好的投资，回报会随着时间推移而增值。我合作的一位领导者，一年中要在各区域组织十几场甚至更多的这种聆听之旅的会议。我与他同行，而这就是我们所做的事情。我们聆听。回报是巨大的。

不同的指导

正如能量的来源有积极和消极之分，我们在职业和个人生活中成长所需补充的能量也有不同的"品种"和"风味"。为自身利益着想，同时也作为他人的旁观者，了解成长需要补充什么品种的能量非常重要。

在我写过的其他书中，我谈到生活中有一段时间，是他人的力量拯救了我，并且帮助我找到毕生的事业。这里简单说一下，我被招进了大学高尔夫球队，入学后一直期待着完成这个梦想。然而，在我入学后的第一周，我的手掌就受伤了，接下来的两年时间里都妨碍着我的训练，并且最终导致我不得不放弃这门从小就热爱的运动。与此同时，我和女朋友经历了一场痛苦的分手，并且出现了引发偏头痛的糖尿病早期症状。我变得极度压抑而且沮丧。几个月来，我跌跌撞撞，昏昏沉沉，努力振作起来想要重新生活。然而我的努力并没有效果，只带来更深的压抑，并且最终我被迫休学半年，去想清楚未来究竟要干什么。

我发现要想康复、面对生活并且再次成长起来，不是光凭我自己就可以的。首先，有一位大学生联谊会的兄弟向我伸出援手，同时把我介绍给他的姐姐和姐夫，他的姐夫是一位神学院的学生。当我说，"他们接纳了我。"我说得毫不夸张。他们要我搬过去和他们一起住，然后把我从黑暗中带回现实生活，直到我能返回学校。

这种"能量补充"是多方面的。它给了我得以继续前行所需要的情感能量、智力能量、身体能量、意义能量和精神能量。在这对夫妇、一位好的治疗专家以及一小群朋友的帮助下，通过不同的饮食、足够的睡眠，以及重新建立压抑中失去的健康的活动水平，我回到了更加健康的生活轨道。从智力上，他们给我介绍了许多关于成长的书籍，并且把我引入以前在哲学和神学上从未见过的全新世界。我一本书接着一本书地阅读下去，参加各种研讨会和辅导课程，从个性和智力两个方面给我带来更多的成长，比我在多年传统学校教育中体验过的都多。这种密集的智力成长如同我参加过的体育活动一样，活力四射。

他们在情感上对我的帮助也很大。感情的事情我已经渡过难关了，而他们鼓励我彻底地讨论它，从中吸取经验教训，然后建立更为健康的情感模式。他们非常关注情绪智力，在这个术语普及之前就是如此。有时候会非常痛苦，因为所有的第四层次人际关系都在发挥作用，但我在那段时间内得到的成长比以往任何时候更多。他们给予我的"能量补充"是巨大的，为我现在从事的一切提供了基础。我所发现的意义，比在竞技高尔夫球运动中获得的满足还要大。在他们的谆谆教诲下，我回到了正常的生活中。

我再次分享这个故事是为了提醒大家，燃料，尤其是从第四层次人际关系中获取的燃料，来自生活的许多不同维度。第四层次的人际关系在帮助我们寻找生活意义的时候，从身体、情感、智力和精神四个方面影响着我们。在多数情况下，没有一种单一的人际关系可以满足我们所有维度的需要，尽管有些时候一种关系起主要作用。这就是为什么建立多层次的连接关系如此重要，它能给我们补充不同类型的能量。确实要"出动全村的力量"才能让一个人成长，并且得以维持。

在我作为领导力教练的生涯中，其中最精彩和最有成就感的经历，就是和那些愿意从工作中抽出时间来关注使命、意义和价值观的执行总裁、执行团队以及其他领导者合作。价值观若持续发挥影响，就如同火箭的燃料一般。许多企业写完某些价值体系就贴在墙上，然后不再过问。我很喜欢与某家公司进入这样一种过程：我们为满足公司的价值观而提出的内部战略规划，在公司实施之后，确实有助于使命的完成，并且能让每个人都深入探讨。如果有团队发展出这样一种节奏，不仅仅能提出价值观，还能时刻努力实现它们，那么这种企业所注入的能量将不可估量。在这些情况下，价值体系并不仅仅是贴在墙上的标语。它们是活生生的行为与人际交往实践，给平衡局面带来了他人的力量，从而给个体、团队、部分和组织带来改变。

早期预警信号

如果你在飞机上,各种仪器会在出现问题时向你报警。如果燃料不足,报警灯就亮了。一旦开错了方向,你会得到另一种警告。油压下降时,警报声会响起。了解你的状态和你的飞机的状态是保持空中飞行的关键。

你的手机也是如此,想起来了吗?它会出现提示栏。当你失去连接、正在搜索信号时它会显示。它还有低电量警告,以及偶尔出现"连接受限"提示。它会告诉你,"安装更新。"

这些仪器和表盘的存在,就是在你陷入麻烦之前提醒你需要注意的情况。"你现在状态如何?"这个问题也是如此。如果你不清楚自己的状态——情感状态和人际关系状态——你的飞机就很难保持在空中飞行。幸运的是,你可以留意某些信号。

第一层次的孤立状态可以提供暂时的安慰,尤其是当你在重压之下而且事情发展不顺利的时候。它既是轻松的避难所,但又具有迷惑性。别误会我:独处本身具有不可思议的补充能量作用,尤其是对性格内向的人。自在而心甘情愿地独处的能力,是走向情感成熟和健康的重要步骤。但是独处不是第一层次的孤立状态。孤立不能给你补充能量的机会,只能提供暂时的逃避。如果你发觉自己正走向第一层次,以此作为逃避冲突和亲密的一种方式,同时错误地称之为独处时间,那么你最终会以丧失能量和内驱力结尾。所以要注意。有没有好的辨别方法?如果你去独处,你与其他人是否还有真实的、紧密连接的、诚实的和承认自身脆弱的第四层次时间,来解决你孤身一人时思考的问题?如果你在某种程度上还能分享它,在你孤身一人的安静时间里,你的独处状态很有可能起到了补充能量和解决问题的作用。但如果你没有,你可能就处在第一层次的孤立状态,而只是称之为独处或内省。

你在第二层次也可以看到麻烦的迹象。当你头顶的闹钟开始作响,"你还不够好,"当恐惧——由于不赞成、触怒某人或者不符合某种善良的标准而产生——开始主导你的行为,你就知道你已经耗尽了燃料。

寻求某种让你感觉"良好"的事物,这种吸引力——即地图上的第三层次——是另一种警示信号。如果你发现自己在不正当的人际关系、成瘾物质或者其他强迫行为上寻求安慰,你至少是冒着陷入僵局的危险,最终会以大崩盘收场。不要相信任何感觉"良好"的事物,如果这些事物你都不敢让你的配偶、搭档、家庭或者同事知道。或者如果它本身不能满足你,意味着不久以后你还需要更多来获得满足,那么它就更可能是上瘾而不是滋养。而如果它不需要你成为真实的自我,那么它很有可能就是假的。

无论何时,只要这些警报开始响起,都要去寻找第四层次的支持。抵达第四层次之后,对自己的状态和需求坦诚相待。所有的好事都在这里。

第 6 章

自律带来自由

杰克·尼克劳斯（Jack Nicklaus）是有史以来最伟大的高尔夫球选手。他的重大胜利记录无可超越，就算在他最后一次大胜之后的几年内依旧如此。赢得十八场重大锦标赛是一项可以保持很久的记录。对于非高尔夫球选手来说，它就好比赢得了美国橄榄球超级碗大赛冠军，或者世界职业棒球大赛冠军，或者重量级拳击冠军，或者网球大满贯，或者单人或团体赢得的任何其他运动冠军。如果你不是热爱运动的人士，可以把它看作奥斯卡金像奖，然后想想凯瑟琳·赫本（Katherine Hepburn）就明白了。

在我看来，要想取得这样的成绩，有一种特质、一种能力至关重要：必胜的决心，击中必击球的决心，推入必进杆的决心。正如不止一位解说员提到过的，当尼克劳斯为赢得锦标赛而努力推杆时，他心里只有进洞的决心。他似乎拥有无人能及的自我控制能力，可以转化为各种奇迹：取得多场胜利。他体现了能力的精髓——让奇迹发生的能力。

在他所有的功绩之中，有一件最令我难忘。那就是1972年在圆石滩举行的高尔夫球全美公开赛上，当打第十七洞时，他面对着大风，用他的话来描述就是狂风，还有218码（约199.34米）的球距，而且只领先三杆，在这种情况下这点儿优势可能很快消失。接下来会怎样？他挥出一杆。球击中了旗杆，掉在离洞几英寸远处。小鸟球[⊖]！并且锁定了全美公开赛的胜利。（去搜索一下，你可以反复观看好几遍。）

⊖ 在高尔夫球赛中，进洞的杆数低于标准杆一杆。——译者注

在他多年多场胜利的职业生涯中,为什么单单这一击最令我难忘呢?

自我控制

以下是完整的故事。

尼克劳斯描述过那历史性一刻的来龙去脉。就在他开始向后挥杆做准备动作的时候,狂风迫使挥杆动作产生些许偏离。他能感觉到情况不妙。接下来怎么办?他在挥杆中途调整挥杆平面,就在全美公开赛至关重要的一杆中。挥出 1 号长铁杆㊀,绝无可能的一杆,在突发的海洋季风中,在怪兽一般的洞口,在所有的压力之下,他完全清楚高尔夫球挥杆动作的运动轨迹,风向对角度的影响,然后他做出调整。记住:他的挥杆动作以大约 120 英里(193.12 公里)的时速推动杆头。而他仍然可以在挥杆中途做出调整并击球,然后在 218 码(约 199.34 米)以外的洞口三英寸(约 7.6 厘米)处停下。这种自我控制所抵达的境界,无论是在运动学、神经科学还是魔法中,我都找不到足够强大的词汇来描述它。这就是他的本来状态。它源自他的性格和特质。

当他失败的时候,他的自我控制感、主人翁意识和责任感变得更加明显。近年来,回顾过往的比赛,当有人问起他最了不起的一杆时,他没有提起那一杆或者任何一杆,而是说到

㊀ 铁杆号码越小,球击得越远。——译者注

1966年在英国公开赛的一系列球洞。他叙述道，当时他正站在第十六号发球台，对自己说，"好吧，杰克，我想以 3-4-4 结束比赛，我觉得这样就能赢得公开赛。"然后他做到了。他完成了 3-4-4 并且赢得比赛。这是多么彻底的自我指导、自我控制、自我执行和主人翁精神？几年以后，他站在完全相同的位置，站在顶尖高手之间，又说了一遍："好的，杰克，再来一次 3-4-4，你又能赢得锦标赛。"很不幸地，这次他没有做到，然后他是这样发牢骚的……主要有：当他回顾那场失利的时候，他评论道："我完成了 4-5-4 而且败在一杆之下。所以命运攥在我自己的手中……**但我还是没有发挥好**"[重点补充]。这则表态揭露出他之所以伟大的秘密。无论输赢，他都认为自己在掌控局面。

听听这种主人翁意识，彻底认识到是谁在控制杰克和他的能力表现：杰克本人。他没有找理由，比如，"那天风太大了，一阵狂风把球带往第十七号发球台。"或者，"有人在我挥杆的时候大喊大叫。"没有"我的家庭作业被狗吃了"这种借口。相反，我们听到的是彻底的主人翁精神："我没有发挥好。"

我从未见过伟大的能力表现者让自身处于失控状态，无论是关于能力表现、情绪、方向、意义、决策、信念、选择还是任何其他的人类机能。他们不会责怪别人或者外部因素。成就伟大的人不像成就较小的能力表现者，后者试图把自身的失败归咎于他人，或者被人迫使，或者受人控制。

自我控制对人类的能力表现至关重要。能否变得更好就取决于它。如果不是你自己必须变得更好，你就不能变得更好。

你才是执行者，仅此而已。你能控制的唯有自己。

在心理学世界，这种关于健康的理念和描述有许多命名方式。其中有些说法如："自我效能感[一]（self-efficacy）"，"能动作用（agency）"和"控制点（locus of control）"[二]它是指"人对自我控制能力的感知"。如果你手握1号长铁杆，有赢得全美公开赛的能力，那么最好要认识到它掌握在你手里，而不是在其他人手里。如果你真的认识到它掌握在你自己手里，你的思想和身体就会做出相应调整，击出有史以来最伟大的一杆，赢得全美公开赛。如果你没有这样的认识，你就只会继续完成挥杆动作，然后抬头望着球远去的方向。祈求老天保佑。许多人的日常生活甚至整个一生都是如此。他们抬头望着"生活远去的方向。"商界、运动界或者生活中的大人物，知道只有自己才是握住球杆的人。（参见我的书 *Boundaries for Leaders,* HarperCollins, 2013）然后，记住西格尔的思想调控作用，你就会看到，能够自我控制的思想是如何取得非凡表现的。

无论作为商界领袖，个人表现者，父母，配偶，甚或是作为医疗体制下的病人，一旦你认识到——1号长铁杆在你**手**里握着——你就处在突破更高层次的进程之中。你百分之百地控制着人际关系中**自己的**一方面，生意中自己的控制杆，自己的输

[一] 个体对自己是否有能力来完成某一行为的推测和判断，称为个体的自我效能感。——译者注

[二] 海德（Heider, 1958）提出的概念，把人分为"内控型"和"外控型"。罗特（Rotter, 1966）：内控型的人认为成败是由自身的原因造成的，而外控型的人则认为成败是由于外部因素造成的。——译者注

入，自己孩子的培养和训练，如此等等。自我效能感是任何类型的人类表现中不可或缺的一部分。你当然无法控制全宇宙或其他人，但你一直控制着你自己。

但本书要讲的并不是自我控制。实际上，它甚至不是一本只讲自我的书。它是关于他人力量的书——别人的力量，而不是你，对你的生活表现、成就和健康所产生的影响。这看起来很矛盾，对吧？一方面，我说你完全控制着自身的表现，而另一方面，我又说他人对你的表现也具有影响力。到底是哪个呢？自我控制还是他人的力量？有人搞糊涂了吗？

答案是肯定的。我们都搞糊涂了。我们之所以被搞糊涂了，是因为我们把自我控制和自身的个人表现视为完全取决于自身以及自身的行为，这一点是正确的，而视之为与任何其他人都毫无瓜葛，这一点就错误了。真相在于，虽然我们的自我控制和表现完全处于自己控制之中，但支持它的大部分养料都来自于形成的人际关系所提供的能量。正是如此，他人，从过去到现在，一直帮助构建了我们自我控制的能力。这就是能力表现的悖论。

换种方式来说，你如何感知自身对生活的控制，在某种程度上，取决于你生活中最重要的人如何支持那种能力，以及如何同时让你对此负有责任。成功者不仅仅认为自己能够控制自己和自身的选择，而且每天都在练习这种控制方式，而且这些我们都可以看到。他们有不可思议的主人翁意识，然而在某种程度上，它也是通过人际关系来建立和维持的。这里又出现了：

第四层次。

谁不想成为杰克·尼克劳斯，那种打破所有已知局限的成功者？这种自我控制听起来相当美好。谁不想要这个？但是自我控制从何而来？这就是答案：它来自于，在第四层次人际关系的背景下，对自我控制进行练习、构建和使用。

把握关键

作为高尔夫球爱好者、心理学家和个人表现教练，我一直对杰克·尼克劳斯强大的自我控制很有兴趣。无论其他人在高尔夫球课上做什么，他都是专心致志地投入到自己可以控制的事情中：属于他自己的运动。我一直认为，他有不可思议的求胜意志。它从何而来？近日，我有了另一条线索。

在旅途的某天夜里，我正在换着频道浏览电视节目，然后看到了杰克职业生涯的一段访谈。访谈者让他回忆事业发展的起步阶段，并且回顾了父亲对他生活和高尔夫球事业的影响。他谈到了父亲查理·尼克劳斯（Charlie Nicklaus）对他的支持，他真的非常热衷俄亥俄州立大学的体育事业，也对杰克的高尔夫球事业非常用心。当他深入谈起父亲在他的生活中所扮演的角色时，你可以看出杰克一直在构建的自我控制能力，在第四层次的人际关系中不断地被磨练。

他回忆起十几岁时参加过一次美国业余选手比赛。一个回合之后，他的父亲问他在赛场上的一次选择——为什么他击出了那特定的一杆,或者为什么要选择那特定的球杆。他的父亲是在质问他,大有可能是在事后批评他,你可以这样认为。在那一刻,他看着父亲,然后说,"爸爸……这是我的比赛。"

这是我的比赛。多么令人难以置信而又强大的主人翁意识和自我效能感的宣言。当着生活中最亲近的人,他定义了自己和自己可以控制的事情。(参见大卫·巴雷特(David Barrett)的 *Golfing with Dad*, Skyhorse, 2011)当我看过这篇文章后,一切皆豁然开朗。杰克的全身充满了自我控制感。这是"我的比赛"。而且他能够直接向最支持他的那个人说出这句话。因为他有这样的认识,并且拥有它,所以他比我们见过或者未来很长时间内见到的任何人具有更强的自我控制感。正如我以前对他的描述,长铁杆握在**我自己手里**。

这种交流中有两件事情引人注目:第一,杰克可以直接向最支持他的人表达这种主人翁意识。第二,他的父亲尊重杰克对自身表现的控制感。这种合力作用——掌控全局而且有人支持和尊重你的选择,即使其他人并不赞成你的选择——才是第四层次人际关系最强大的要素之一。这种合力赋予人们成就最佳表现的能力,在其他人的鼓励下,天高任鸟飞。

自我控制、能动作用、自我效能感——全都是从根基上促进个人表现的心理健康的印记——是通过与别人交往的关系而建立和维持的。你能飞得多高,部分取决于能否找到第四层次的伙伴,他(她)能赋予你自我控制感,而不是试图剥夺或削弱它。自我控制是通过其他人提供的几种功能而构建起来的:

- 支持
- 成长
- 尊重
- 责任

让我们看看这些功能是如何动作的，从杰克·尼克劳斯开始。他人（他父亲）的力量是如何帮助他形成自身的力量的？

如我在上一章节所提出的观点，人类的成就需要从人际关系中汲取能量。但是，发动机本身并不是火箭。支持并不代表着成就表现。它很必要，但并不充分。归根到底，杰克必须——**你必须**——挥出球杆。

诚然，气质和遗传解释了杰克的部分伟大成就，然而，从研究和他自身的故事两个方面我们得知，正是由于他与父亲查理·尼克劳斯的关系，他才培养出一种主人翁意识和责任感。当杰克说，"爸爸，这是我的比赛。"时，这种说法来自他们的第四层次人际关系，他的父亲就是他的燃料和支持力量。但是他的父亲也尊重杰克的主人翁意识和自我控制感。查理·尼克劳斯从少年高尔夫选手一直到职业选手时期都支持着他。他鼓励杰克，为他提供指导，给他输入、纪律以及更多内容。他也给了杰克某种伟大的东西，正如所有的第四层次人际关系带给我们的一样：独立自主和责任感。支持鼓励和独立自主之间的平衡自始至终一直存在。作为心理学家，我可以告诉你，这种平衡帮助他培养了自我控制能力，让他能够挥出1号铁杆并且赢得其他每一场比赛。

比如，在 *Golfing with Dad* 第 107 页上，杰克在决定是本着鲍比·琼斯（Bobby Jones）的精神做一名业余高尔夫选手，还是成为一名职业选手时，他谈到了父亲的作用："我们的讨论很明显，他倾向于让我继续做业余选手，但是他提出了自己的观点后并没有强迫我，并且在每次讨论结束时，都提醒我要为自己的选择负责。"[重点补充]

当你选择的路与最支持你的人对你的期望有所不同时，第四层次人际关系的真正考验才算到来。权衡所有因素之后，杰克决定转为职业选手，而不是走父亲认为他应该走的路。没有成为下一个鲍比·琼斯，他成了这项运动有史以来最伟大的选手。杰克说起他的父亲，"他是一位非常低调的运动发烧友。"多少有才华的人希望他们的老板、父母、合伙人、配偶或者朋友能够成为低调的发烧友，在他们追求自身道路的时候能给他们自由，同时又能提供支持而不扯后腿。

即使有这样的支持和自由，杰克认为他的父亲绝不是一个例行公事般的橡皮图章。他很有主见和想法，并不会盲目赞成杰克所做的一切。正如杰克所说，"他相信我，支持我做的事情，而且总是在我身后，无论我需要支持还是需要敲打"[重点补充]。在需要的时候，他的父亲也会与他对质。父亲给他摆事实，但不会违背基本的独立自主精神，这是所有人取得最佳成就所必备的精神。父亲会给出输入，同时尊重自由。"他很少主动向我提供打高尔夫球的建议，但如果我问的话他肯定随时奉陪"（*Golfing with Dad*, 108）。这是多么完美的平衡，如果以我的专业眼光来看的话，这是多么完美的头脑构建者。杰克和查理·尼克劳斯之间的人际关系，正是一种构建能力表现的第四层次人际关系的定义。

问题：你生活中有谁能像这样？谁能既给你支持和输入，又能保护你的自由和控制权？也许是时候和老板、朋友、家庭成员、董事会或者其他人好好谈一谈了。毕竟，如果没有运用自我控制能力的自由，没有选择和表现的自由，谈何赋权？尽管在很多时候，领导们认为赋权很轻松，视之为让人们达成自己目标的最快途径。他们却忘了赋权不仅仅需要选择的自由，还需要领导的支持，尤其是在形势变得严峻并且突然爆发不同意见之时。对任何领导者和大多数人际关系而言，把支持、真正的自由、授权和选择全部糅合在一起是一场棘手的挑战。

这种两难局面，我近日和一位执行总裁有过探讨，他有时就会陷入局势紧张的董事会讨论之中。一位最有影响力的董事会成员非常支持他——直到这位执行总裁想做一些这位董事不赞同的事情。如果这是政策、管理或者行为准则问题，很明显地，这位董事应该严加控制。最终它归董事会控制。但是在公司的日常运行中——这是执行总裁的任务——这位董事应该支持他。必要时他可以有不同意见，甚至试图说服他重新考虑立场，但最终这位董事应该认识到这是执行总裁的使命。他可以澄清这点，并且彻底地澄清，他和余下的董事会成员会让执行总裁对结果负责，而不是动辄撤回对他的支持。

自然而然地，这种情况很难处理。有时候很难辨别一个人的责任止于何处，而其他人的责任又始于何处。但这是选择第四层次人际关系的一个重要方面。最好的情况就是针对该主题引发一段建设性的对话——界限究竟应该划在哪里——而不是在你不同意的时候威胁撤回支持。第四层次的人际关系会先把这个问题搞清楚，而不是在情况开始失控的时候，有人立刻从你手中夺走1号长铁杆。

支持和自由的平衡

支持别人，同时让他们掌握自身的命运，如此就可以发展无限的可能性。这就是成就伟大的秘诀。思考一下，这种平衡状态是如何始终贯彻在你生活中的方方面面的：

作为领导者，如果你的董事会、老板、团队和投资人理解这种平衡状态，对你意味着什么呢？如果他们在各个方面都极力支持你，同时为了让你展开手脚，又确保你对自身的控制，这样会如何？如果他们给你自由，授权你拥有需要掌握的所有权，又会如何？当你做出自认为最好的选择并对此负责的时候，即使可能与他们想做出的选择不同，他们却不改变初衷或者撤回支持，又将如何？就此而言，如果他们根本不想影响你或者管得太细，你感觉如何？如果授权真正就是授权，让你全权处理，就好比1号长铁杆就握在**你**手里，你当如何？

如果每家公司都视自身处在第四层次的人际关系，以此来对待本行业领域，甚至对待它的客户，对你而言意味着什么？如果你的公司有疑问，"我怎样才能既为这些最接近业务授权的人提供支持，同时又让他们拥有做事情所必需的控制权和自治权呢？"这就非常有力了。我已经看到过。当它出现时，其作用突破天际，如同士气、能量和企业精神一样。霍斯特·舒尔茨（Horst Schultze），丽思卡尔顿酒店（Ritz-Carlton）的创始人，就表明过完全授权他的员工为客户解决问题并获得满意，花费在2000美元以下的情况完全不用向任何人询问意见。他们为客户服务时可以自己做决定，无须获取上层领导的批准。

如果婚姻伴侣总是互相支持对方的个人追求，而不感觉受到威胁或者被忽略，作为其中的一方，你有什么感受？如果他们在被需要的时候给出建议，在有不同意见之时仍不改变支持的程度，你觉得如何？对于不同风格和偏好能够互相尊重（除了把碗碟放入洗碗机这种事情之外；它只有一种正确的摆放方式！），而不是发生冲突并且伤害感情，从而最终形成更深厚的情感关系和更牢固的基础，这样如何？

就家庭而言，这样会给你带来什么意义？……好吧，这就说来话长了。我们该从哪里说起？我一直很困惑，即便是极其成功者的生活，在某种程度上仍然经常受到原生家族或者姻亲家族关系的控制。我真希望我们可以做无限的运算，然后真实地揭露出有多少失败的表现是源自人们不得不持续应对原生家庭环境，及其对事业、职业生涯、婚姻、儿童教养方式、生活选择以及诸如此类的影响。它确实已经成为某些颇具才华人物的严重缺陷。在这些情形下，即使这种成人的脐带能够提供养料，同时它也在收取额外的费用。如果还有别的选择会怎么样？

就朋友而言，如果你最好的朋友，能像杰克的父亲查理一样发挥作用，对你而言意味着什么？或者，就像那种帮我在大学时期渡过难关的小团体一样？如果他们像杰克的父亲一样，支持你、给你加油，在你需要的时候提供帮助、建议和资源，坚定不移地站在你的身边，同时又帮助你学会为自己的选择负起更多的责任和主人翁意识，如何？如果他们给你提供坦诚的反馈和看法，任由你做出自己的选择而不施加情感束缚，又会如何？

听起来非常不错，不是吗？但是要牢记，第四层次的支持者并非只是不加选择地提供支持。他们支持你的选择，但同时要求你为此负责。很显然，如果你参与破坏性极高的行为，甚至是非法的行为，他们的边界会越来越窄，越来越严格。吸毒者彼此给予自由，但没有让对方为堕落行为而负责。这不是第四层次的支持。它无法帮助你获得生活中的突破。第四层次要求人们为自己的选择负责。在下一章，我们会看到它们是如何培养责任感的。

第 7 章

自由、责任和爱

我的父亲很了不起。我全心全意地爱他。在各种方面，他都是我的导师、教练、动力来源和支持者。他的责任感很强，非常值得信赖。我不知道这是因为他从七岁开始就失去父亲，从而需要一个人面对世界，还是因为他在欧洲服役过四年，以军士长身份参加过二战的训练和军事行动。他乐于助人，但也可以非常强硬。同他在欧洲一起服役的弟兄告诉我他的一个故事，是训诫一位有某种恶劣行为的士兵，在夜晚派那位士兵出去"挖 6×6 的洞"。在平地上挖 6 英尺长 6 英尺宽 6 英尺深的洞（约 1.83 米 × 1.83 米 × 1.83 米），这可不是什么好玩的差事，尤其是在寒冷的夜晚，当然这种事情白天干也不讨好。我父亲的弟兄为此人感到同情，偷偷溜出去帮他打洞。我的父亲当场认出他来，走出屋外，然后说，"好，既然你这么喜欢打洞，你可以给自己打一个，就在边上！"天啊……这就是我的父亲。

从我记事起，父亲总是对我说，只要我愿意，就可以去读大学。他没能上过大学，高中就辍学去帮衬家庭和众多兄弟姐妹。他是鼓励我，但他的支持中也有责任感的轮廓。他说过，"儿子，不要担心上大学的事情。钱已经准备好了。这是我的职责。而你的职责就是努力学习考上大学。我不能替你做这件事情。从那以后，当你进入大学，我的任务就完成了。你就要全靠自己了。"然后他笑着加上一句，"如果你愿意，可以回家吃点三明治，除此之外就不要期盼过多。"他的协议清楚明白。有支持就有责任。他会支持我直到进入大学，然后，我就必须为自己的生活负责。他会给我支持和自由，但我要为自己的选择负责。

我永远不会忘记,这种责任安排曾经是我最不需要也不想要的事情。我认为我需要的是帮助——最好的帮助——而不是责任感。

在大学一年级的夏天,我待在密西西比州的家里度过暑假。那年夏天,我学校的女朋友在得克萨斯州,正准备上暑期学校。我们是很认真的,而且她的家人邀请我去得克萨斯州和他们相处一星期,在得州南部他们家的大农场度假。我要去奥斯汀市(得州首府所在地)接她,然后从那儿开车去见她的家人。

我之所以要在奥斯汀市接她,是因为她的父亲是得州州长,那年夏天她就居住在州长官邸。她的父亲是州长,上学的时候,我对这件小事没有多想。我喜欢她只是因为她本人:聪敏、有趣,而且非常接地气。你根本想不到她来自"得州皇室",但她确实就是。现在我要去见她的家人了,这对一个来自密西西比州的19岁小伙子来说,心里总会有些七上八下。虽然有一点点紧张,我还是上路了,开车到奥斯汀,然后去接她。

当我到奥斯汀之后,她说想带一堆东西回到农场,而我的两人座小汽车空间太小,所以我们换了她的汽车,是属于她爸爸的。我提供驾驶服务。然后我们就开始了旅程。我把车子开出州长官邸,转弯。很快我又转了弯。然后就出事了。

我违规转弯了,正面撞上迎面而来的车辆,我们和一辆大卡车正面撞上。这不只是虚惊一场,是一场大事故,不是轻微交通事故。我们都没事,但汽车变成历史了。此时我们没有受伤的事实，在某种程度上，并不像是我的福气。我所能想到的，就是我刚刚撞毁了得州州长的车，而现在我第一次见他就要说："您好，我是您女儿的男朋友。我刚刚毁了您的座驾。"倒不如说这种福气有些模糊不清。我受伤的程度都不足以博取同情。我心里是有点儿希望受伤的。至少如果我拄着拐杖，他可能会为我难过。

警察处理完事故之后（当他们问，"这是谁的车？"时，场面本身相当滑稽），我止不住地担心下一步该怎么办。毁了他的车之后我该做些什么？我该给哪家保险公司打电话？谁该对此负责？我所能听到的只有萦绕在脑海里的沃伦·泽文（Warren Zevon）的歌："派出律师、枪支和金钱。/ 爸爸，救我脱离苦海。"不错，我觉得。爸爸应该知道怎么办。所以我打电话给家里。

我父亲接了电话，然后我告诉他发生的事情。他立刻问我们二人是否安好，我让他放心，我俩都很好，只是受了点震动。然后他就沉默了一会儿。时间仿佛变得缓慢起来，然后他说，"好吧，儿子，我就直说了吧，这是发生在你第一次去见女朋友父亲的路上，对吧？'"

"对，没错。"我说。

"你刚刚毁了他的车。"

"是的。"

"而且你将要在他家做客一个星期。"

"对。"

"那么你对女朋友的州长父亲要说的第一件事情，就是你毁了他的车。"

"是的。所以,爸爸,我该怎么做?我要打电话给我们的保险公司吗?还是她的保险公司?这不是我的车。我不知道怎么处理。我该做点什么?"

又是一阵沉默。然后他开口说:"儿子……我知道的就这些。如果你已经成长到可以陷入像这样的麻烦,那么你也应该成长到足以让自己摆脱这种麻烦。但要帮我一个忙。到时候给我打电话,告诉我你是怎么处理的。我很想知道!"然后他挂掉了电话。

如果要我写一本书去描述那一时刻的责任该如何划分,我会不知道该写些什么,但我肯定知道这种感受。我,而且只有我,应该对它负责。这是我的事故。我的女朋友。是我要和州长大人对话。是我要追踪和解决的保险难题。

父亲与我的对话,就像查理·尼克劳斯所说的一样,"这不是我的比赛,儿子;是你的比赛。"这是第四层次的另一面。第四层次人际关系不仅仅给我们提供自由,它们也会通过责任感来要求我们去承担和接受责任。

解决问题

我听过曾任美国国务卿的科林·鲍威尔(Colin Powell)在一次领导者活动中的演讲;他讲了一个故事,很好地把握了自由、所有权和责任感三者之间的平衡。当他还是里根总统的国家安全顾问时，他的工作就是在椭圆办公室（白宫总统办公室）与总统见面，把他认为世界上应该担心的所有动荡情况向总统汇报。当他阐述这些问题的时候，他说里根一直在看着窗外。过了一会儿之后，里根说出这样的话，"嘿，你看，它们在吃东西！"

什么？他在说什么？鲍威尔疑惑了。他看向窗外。当鲍威尔正在倾诉国际事务的苦恼之时，总统一直在观看松鼠在庭院里寻找他早晨投放的坚果。当讲述到互动的时候，鲍威尔说总统的反馈基本上就是，"这是你的问题。"

第四层次的人际关系不能拯救我们脱离艰难的抉择或重大的责任。比如，在生意中，当你的门徒（被保护人）在她第一次领导团队的时候犯了错误，得罪了一些团队成员，你不要立刻卷入其中，化解由她的工作方式所导致的矛盾，但你要鼓励这位经验不足的经理人去找出解决方案，并调整自身的工作方式。

在处理药物成瘾问题的时候，第四层次的人际关系不会下令禁止其他人在身体上使用药物。但它会通过摆事实讲道理，澄清如果有人继续堕落在毁灭的道路上，他就得承受相应的后果。第四层次的人际关系带来的启示是，"我不能让你脱离自身选择的苦海，但我可以要求你为它们负起责任。"

当然领导者不可能完全采取不干预政策。这就是为什么有些大公司的执行总裁、董事会成员或者其他高管们一旦玩忽职守，公司就会陷入困境。想想安然、大众、英国石油等大公司。很明显，传递自由和责任并不能废除自身应负的责任。

让被授权者负起应有的责任,而不加干涉或者剥夺其权力,这两者之间有个平衡。这是领导力所具有的非常重要的杠杆作用——要求人们对我们授权其主管的事情做主,然后让他们对结果负起责任。在苹果公司这种人被称为DRI,直接责任人。如果一件产品的营销失败,老板就会这样称呼此人。他或她要对此负责。

我最近与一位领导者交流,我叫她梅丽莎,她非常喜欢一位自由职业设计师(就称她罗宾吧)给公司设计的作品。罗宾给公司业务做出了巨大的贡献,同时也是她的好朋友;罗宾的作品极具创造性,她本人也是精力充沛。但有一个问题:罗宾总是迟迟交货。经常拖到很晚才交货。对梅丽莎或团队来说,这可不好,因为最终都是他们来仓促地补救罗宾的拖延。梅丽莎终于认识到,她们之间的关系需要本质上的改变。尽管她承认非常喜欢罗宾的作品,"她的时间观念,错过截止期限,以及无法满足我预期的时间期限,并不是我想要的。所以我打算告诉她,我希望利用她富有创造性的一面,但我会认真履行与她之间的合同。她没有按照交货截止日期执行。在那个方面她就要出局。"

我对梅丽莎素来就很敬仰,从那之后就更加钦佩她了。这是她非常珍视的一段关系,而且在某种程度上为她的生意增色不少。但这种违约行为不好,而她不得不让罗宾对此负责。她打算坦诚面对它。然后她做到了。这种对话很不容易,但罗宾并没有为错过截止期限的行为而逃避责任。她承担了责任。她说她有追求完美的倾向，从而导致她不顾现实地延长截止期限。她很抱歉没有完成承诺按时交货，并且也很真诚地承认，如果她仍然被同样的期望和责任约束，她也无法取得更大的进步。

这就是我所说的第四层次人际关系。老板让她负起责任，就会有相应的后果，全都是本着**互惠互利**的精神。罗宾承担了自己应负的责任，没有为自己辩解，也没有感情用事。

结果如何？罗宾的自我控制能力增强了。罗宾认识到，当她应该拒绝的时候，她不用去承担同意的责任，而在这种认识之下，她很快就变得能够更好地控制自己。下次遇到类似的情况时，她可以利用更强大的自我意识，认识到自身许诺太多的倾向。她可以衡量回答的结果，问问自己，如果我答应了，我能够全部做到吗？幸亏有她与梅丽莎的第四层次人际关系及其提供的反馈，罗宾现在更能主导自身的选择和结果。如果她不喜欢与之相关的结果，她就可以选择改变她的行为。这就是自我控制。

思考一下，这种情节还能如何发展。假设梅丽莎放过罗宾，仅仅对她责骂一番，结果会怎样？不仅延误截止日期的问题无法解决，她们之间的感情也可能会有裂痕。若没有第四层次的反馈，没有直接地、真诚地并且从关怀角度出发而指出错误行为，没有人可以从中获得好处，也没有任何学习和成长可以发生。这种类型的变通方法——其实根本不能奏效——实在太常见了。它们发生在工作、家庭和朋友关系之中，而且它们最终会让关系变得更加恶劣，充满了未说出口的怨恨、误解以及最坏的情况，剥夺了参与者变得更好或者实现自身潜能的机会。（参见本书后面有关三角形的章节。）

担负责任和期望

我们在任何执行领域听到最多的一句话就是担负责任。大多数人所说的某人有担当，就是指他或她对某些结果、选择、行为或者类似情况负有责任，并且承担相应的后果。

我们最常看到的问题之一，就是有关追究责任的对话总是发生在负面情绪的氛围之下，同时伴随危机的爆发和羞辱。我们听到"你怎么能做出这种事情？"以及"你怎么能任由这种事情发生？"（这些其实是声讨，而不是提问。他们的意思是"你是个笨蛋！"）追究责任总是意味着申斥某人，而我们知道它能达到的效果：分歧，而且毫无长进。

在第四层次的人际关系中，担负责任的方式有所不同。本章节讨论的担负责任并不是惩罚性的、羞辱他人或者愤怒的那些类型，它们通常只有一种意义，就是令失望的一方有机会宣泄自身的愤怒，或者照顾他们的情绪。

第四层次人际关系中的担负责任，致力于达到三个方面的最佳状态：（1）参与的双方或者多方，（2）人际关系，以及（3）结果。这种类型的责任之中有某些重大的因素，可以避免羞辱他人，并促进更好的表现：首先是澄清各方的一致期望，各方对此已经充分交流并欣然接受。其次，这些期望的时机要提前并且持续。在任何实质内容发生或者未发生之前，每一方都了解这些期望，并且在运作过程中不断核对它们。若有人发现你出了问题，而你根本不知道自己需要对什么负责，那没有比这更糟糕的情况了。

极好的第四层次人际关系通过避免多数意外情况来增加责任感。它们避免"你怎么能做出这种事情？"以及"我怎么知道？"诸如此类的问题。好的人际关系取决于坦诚地交流对双方的期望，所以各方都理解和知道对方的期望。然后因为各方密切关注这些期望，所以一些重大的意外发生时不会措手不及。要让飞机去往目的地，飞行员会为航班设定巡航高度，并且重复地检查高度计，所以不会出现无法挽回的意外情况。同样地，研究表明，成功的婚姻，都是重复"检查"做得好的配偶，有时候一天要检查多次。他们随时掌握动态。管理团队和直接汇报关系的需求也概莫能外：随时掌握动态，无论意味着什么，无论是否有必要。

另一方面，也要在对方的眼前消失。有一首丹·希克斯（Dan Hicks）演唱的乡村和西部歌曲提出这样的问题，"如果你不曾远离，我又如何怀念？"在任何人际关系中，管得太细都会让整个情感系统、人际关系系统和生物系统不堪重负，"离我远点！"在私人关系和工作关系中，一定要让大家明白正确的平衡所在，什么是恰到好处的交流，以及什么是过度的、令人窒息的交流。

第四层次要求在实现期望之前，澄清你对彼此的期望，而且还要求在必要的间隔之下，随时保持交流畅通。清晰和一致，监测和调整，真正地促进能力表现的增长。

面对和反馈

"反馈是冠军的早餐，"肯·布兰佳（Ken Blanchard）如是说。至少在某种程度上，我们都知道这些。但在现实中，反馈通常很难给出，也很难收到，尤其是当我们生活在第一层次、第二层次或第三层次之时。在第一层次中，没有反馈。在第二层次中，它让你感觉不好。在第三层次中，它不诚实，几乎都是谄媚之辞。以下有一些关于反馈的想法，可以帮助你到达第四层次。

首先，反馈的科学研究告诉我们，它对于能力表现至关重要。若没有反馈，你就不能达到新水平的能力表现，更不要说超越现有的局限。为了更好地表现，你必须知道怎么做。研究能力表现的作品中，我最喜欢的一本是《当下的幸福：我们并非不快乐》(*Flow: The Psychology of Optimal Experience*，Harper & Row，1990)，是由米哈里·契克森米哈赖（Mihaly Csikszentmihalyi）所著，他指出，最好的表现，出现在有即时反馈的时候。比如说，攀岩者就理解这一点。他们很快就知道做什么才有用——也许太快了。只有做有用的事情，你才能留在峭壁上。如果做无用的事情，你就掉了下去——希望别掉太远。

大脑需要知道它在做什么，才能做出调整并发挥出更好状态。如果你偏向一侧，你的内耳会告诉你需要纠正姿势。它为你提供反馈。如果你从山体表面滑落，掉落的感觉会告诉你需要快速反应，伸出手固定自身。你的整个身体系统都在调整姿势。不要等到你已经看见有人坠落悬崖才开始给出反馈。要在攀登者还能调整的时候就立即给出反馈。也不要等到你感觉地面在脚底下打滑，才开始寻求反馈。

其次，要想反馈有帮助，它就必须，有用。这是第四层次人际关系与其他所有关系的不同之处。当你处在第四层次时，你首先要知道，无论谁给你提供反馈，都是支持你，维护你，正如前述的担负责任所要求的一样。此人是你的盟友，希望你能够成功。给出反馈的人希望你做好。当有医生告诉我服用某种药物时，我必须相信她是想治愈我而不是想杀死我，或者只想赚我的钱。她希望我获得健康。她是支持我的。

听起来不错，对吧？很不幸，许多所谓的反馈根本没有出现，或者没有以我们能够处理的方式出现。如果我们在第一层次应对一切，疏离其他人，对他人缺乏情感投入，我们就不能获得多少支持自己的反馈。其实，第一层次的大部分时间内，我们完全是在脱离反馈的。通过各种方式的孤立和防御，我们不让其他人靠近，不让他们看见真正发生了什么；我们不鼓励他们自由地表达意见。我们不与人们交流心底的脆弱，从而使别人无法做出反应或者伸出援手。我们之间有隔阂，只想逃避。

如果我们日夜沉浸在第二层次，那么所听到的任何反馈都只会让自己不愉快。我今天就和员工有一段不快的经历（为什时机这么巧？），我从其他人那里听说她与我相处非常痛苦。她对别人说，"我感觉他非常易怒，总是想挑我的错然后对我大吼大叫。我已经变得只做自己的事情，然后离他远点。"

啊。这可不是什么好消息——无论对她，对我们的合作，对我们的公司，尤其是对一个写书告诉别人如何避免发生这种事情的人！我真的非常惊讶，沮丧，并且有点儿困惑。

所以我打电话给她，说我想谈一谈。我告诉她，其他人已经告诉我她说过的话，而我想知道为什么她会有这样的感觉。我问，"我做的什么事情，让你感觉我在试图伤害你呢？"

她开始有些吞吞吐吐——大概是因为她没想到，我会选择如此直接地与她解决我们之间交流的顾虑。我保证她没有陷入麻烦之中，我对她坦白说，她有这种感受使我感到很难过。我真的想知道她到底怎么了。然后她告诉了我。

我真的非常难过她有这样的感受，尽管我没有觉得曾经向她大吼大叫或者试图伤害她。不过这些都不重要。我告诉她，我明白是什么事情让她有这种感受，并且寻求她的谅解。当然有些事情她是对的。尽管我没有大吼大叫，但我的确对她的失误、没有办成某些事情而感到不耐烦过，而且我肯定没有以恰当的方式让她知道。所以我道歉了。她说交流之后很有帮助，我们又抵达了一个很好的境地。那个境地就是第四层次——互相信任、真诚和负责之地。自第二层次的受伤和自卑之中走出之后，她现在看待事物的眼光与以往不同，我也一样。

但要记住，承认我以糟糕的方式批评过她，并非是我们可以讨论的全部内容。我还需要表达我对她的表现不满意的原因。这是第四层次人际关系的第二部分。它不能只有温情，让彼此都感觉满意。它必须包含建设性的、基于现实的反馈。我当然希望她感觉更好些。但我仍然对她的表现不满意，无论我在表达我的不悦时有多么笨拙。因此当我们回到第四层次之后，我问，"我们可否想个办法，当我告诉你有些事情不合我意的时候，并不意味着这对我们而言是件坏事？我完全不想让你觉得我在伤害你，从来没有。而同时，我必须能够告诉你我的需求，让你把事情做得更好的需求。让我们讨论一下我该怎么做才是最好。"

我们交流得很愉快，而且我们处境大不相同了。这里可以学到两个教训。第一，我必须告诉她，她没有成为我希望中的第四层次关系中的人：如果有什么事情不对，来我的团队直接找我。我希望她知道，如果我做的事情对她不利，我真的希望她来找我并且告诉我。（参见第 11 章）如果我们彼此不坦诚以对，我们就会游移在第四层次之外，变成疏离、压抑或者肤浅的关系。她承认没有按照她应该做的直接向我诉说，并且承诺下次在我搞砸事情时会这样做。

第二，尽管如此，我不能放过曾经困扰我的她的能力表现问题，也无法不闻不问。没有完成我的期望，她就没有达到我们的表现标准。我需要她做得更好。如果我们要真正地处在第四层次，我就必须对她说实话，也知道她会听从。我不想伤害她，也不想让她感觉糟糕，但我不会因为她令我失望而感到不开心，不会对此纠缠不放，也不会因为我无法做到告诉她却不让她受到情感伤害而沮丧泄气。我需要她好好表现，如果她没有做到，我就需要告诉她并且解决问题。第四层次人际关系的人们互相关心，彼此坦诚，并且能解决问题。

第四层次要求具备全部三项：关心、坦诚和结果——对别人足够的关心，说话的时候不伤害别人，对别人说话的直接坦诚，以及关注行为改变和更好的结果。记住责任感的这三个方面：个体、人际关系和结果。

工作、婚姻、友谊、团队、文化、健康和生活同样要求具备全部三项。我们必须开放心态，练习接受反馈，学会倾听它，然后吸收它，并且培养出引起更好表现的自我控制。如果你不能接受现有水平表现的反馈，你就永远无法进入下一个阶段。执行教练马歇尔·古德史密斯（Marshall Goldsmith）把它恰当地用作一本书的标题《习惯力：我们因何失败，如何成功？》(*What Got You Here Won't Get You There*)。只有当你敞开心扉接受反馈，而且知道如何利用反馈时，才能通往下个阶段。此外，只有当你真正获得反馈，当其他人告知你真相之后，它才能发生。我们不能改变连自己都不知道需要改变的东西。

第一层次根本不接受反馈。第二层次接受的反馈缺少关爱而且很可能不太准确，因为其他人总有一条毫无助益或者遥不可及的标准。在第三层次，除却感觉良好的过分亲密或阿谀奉承之外，一切禁止使用。只有第四层次以有用、可行的信息来提供关怀和现实。当我们抵达此处，它会帮助我们构建自我控制并实现更好的表现。我们可以控制结果。

让我们深入地观察某些因素，是它们让第四层次的反馈得以发挥作用。

大脑和反馈

当有人看起来是要帮助你把某件事情做得更好时，你有没有遇到过对你大吼大叫、羞辱或者责骂你的情况？记得你的感受吗？当然你会记得：极其——羞愧，害怕，焦虑，伤心，愤怒，并且/或者自闭。那一刻最深刻的印象是什么——是反馈本身，还是你对它的感受，其他人，还是你自己？毫无疑问，你更关心你自身的感受——糟糕——而不是他所说的内容。而真实的情况，内容才是真正重要的，却不再为你所关注。

这是有原因的。在高度紧张的情绪状态下，大脑中连接行为的部分被称为杏仁核。化学物质在那里得到释放，从而影响学习。任何类型的威胁都能触发"战斗或逃跑"的应激反应，这时候根本不关心学习，只关注于保护自身。因此青少年在被责骂时脸上会有"要死"的表情。在这些时候，一剂肾上腺素冲入脑海，产生焦虑，然后我们的大脑真正地一片空白。无论何时，只要我们处在"战斗或逃跑"的应激状态，我们就不能吸收反馈并提升自我控制和学习能力。为了学习和成长，我们必须接受反馈。在我的书《正直》（*Integrity*，HarperCollins，2006）中，我谈到领导者"接纳负面现实情况"的重要性。它很重要。但是要思考一下：你更愿意接受谁——是对你大吼大叫的人，还是对你笑的人？

研究表明，五个正面的反馈消息间隔以一个负面的反馈消息，在这种比例下，大脑的反应状态最佳。在事业研究中，最佳的比例其实是6∶1。在表现最好的人群中，正面反馈和负面反馈的比例大约是6∶1，而表现最差人群的比例几乎相反，是1∶3的比例。表现最好的人，每听到六个正面消息间隔一个负面消息，而表现最差的人，听到的负面消息是正面消息的三倍。负面消息当然需要——我们需要知道如何变得更好——但要以正确的比例和语气让大脑能够加以使用。

比如说，思考一下这种平衡如何运用在运动领域。伟大的高尔夫球手如杰克·尼克劳斯在他挥出球杆时，需要手臂肌肉的反馈。当他挥杆错误时，它们不应该"感觉正常"。但如果他在使用一种挥杆动作时感觉到前臂刺骨地疼痛会怎么样？不久之后，即使没有刻意为之，他很可能都会开始避免那个姿势，即使没有使用那个姿势时也会畏缩不前。他的表现会越来越差。他会害怕挥杆。如果我们正在经历毁灭性的痛苦，无论是身体或者情感上的，我们除了痛苦之外无暇顾及其他。这就是你的大脑在面对缺少关爱的反馈所带来的痛苦，或者面对危及安全的威胁时的反应。研究告诉我们，很明显大脑需要大量的爱、安全和良好的感受，以便控制负面信息的输入并加以利用。如果我要控制我的比赛，我就不能采取防御姿态，畏缩不前。当你是反馈的接收者时，记住这一点很重要，但如果你是反馈的发送者，这一点也非常关键。

当我给父亲打电话告知车祸时，他没有向我咆哮。实际上，在意识到没有人受伤后，他似乎被我的狼狈逗笑了。但他给我的反馈就是让我知道，这是"我的比赛"。他没有把我拯救出来，而这种情感交流并没有妨碍我认识到这是我的问题。他没有说，"你这蠢货！你就这样去见女朋友的父母吗？早知道我就不该让你继续这趟旅行。"如果他做出这种反应，会引起我什么样的反应呢？我大概会想，我怎么会摊上这么个混蛋老爹，或者我怎么会傻到出这样的车祸。但是由于他没有这样做，我得以思考真正的问题所在：一场车祸，以及我和女朋友父亲关系的一段糟糕开始。这需要成长，而父亲给我提供的反馈，正好为此提供了机会。

大脑回路的研究表明，当我们不得不靠自身努力来解决问题，而不是听从其他人指导来解决问题，或者观看别人为我们解决问题时，新的潜能才能得到发展。对于阅读、听说或者看过的内容，我们能记住 10% ~ 20%，但用这种学习方式亲身体验的内容，我们可以记住 80%。当别人提供的反馈可以让我们以良好的状态去解决问题时，我们就学到了。

研究还表明，当未体验到负面情绪时，我们可以保持更多的关注，更集中的注意力，更清晰的思维以及更好的信息加工方式。负面情绪只会挡住去路。当我们体验到负面情绪的时候，大脑中高级性能表现的部分就会靠边站，而低级的、原始反应的部分就会挤过来。

有用和可行

一位女士告诉我:"我和男朋友出问题了。"

"什么问题?"我问。

"我想让他和我的关系变得更亲密些,"她说,"我感觉不到他的关心。"

"那可不好,"我说,"对此你做了些什么呢?"

"我告诉了他。"

"告诉他什么?"

"我告诉他,我希望他与我多多联系。"

"你做了什么?你真的对一个男人说了这些?说你想让他'多多联系'?"

"是的。那有什么不对吗?"她毫无防备地问道。

"哦,它有用吗?"我问。

"没用。他没有任何改变。"

"好吧,你觉得他应该有什么样的改变呢?"我问她。

"联系。"她说。

"嗯……怎么联系?他要怎么做呢?"我问,"联系是完成某些特定事情的结果。他应该怎么做才算完成'和我多多联系'的请求呢?他可能毫无头绪。我打赌他的眼神是迷茫的。"

"那么我该怎么办呢?我认为我在以一种脆弱而巧妙的方式,尽力向他表达我的需求。"

"我明白。听起来你确实是这样。问题在于,当有人没有做某件事情时，很可能是因为他们不知道怎么做。所以仅仅告诉他们你想要的结果是无济于事的。你不如说，'我们可以每周花几个晚上在工作以后一起散散步……心无旁骛，只是小聚一下，分享白天生活中发生的点滴，或者聊聊彼此过得怎样。'我打赌只要他在乎你，他就会说，'好的，乐意之至'。"

我解释道，不同之处就在于这个建议是可以执行的，是一件你可以让他开始做或者停止做的特定事情。这件事情是他可以做到的。他可以空出时间来散步，但他不能控制如何让你感觉到"联系"。

她点点头。在这场交流中，我也对她做了同样的事情。我没有告诉她只要变得"不一样"，或者不要那样与他谈话。我给了她一些具体的反馈。

后果和痛苦

第四层次的人际关系不能拯救我们。它们要求我们对自己的表现负责。其中既有标准，也有后果。对于团队文化而言，很少有比奖励不良表现或者忽视不良表现更糟糕的事情了。它清楚地告诉失败者，"你做得已经够好了，"并且告诉其他人，"你们迈向卓越的努力，你们的关注，以及你们的勤勉，都毫无价值"。

吉姆·布兰查德（Jim Blanchard），美国电话电报公司（AT&T）的前首席董事，在西诺乌斯金融公司（Synovus Financial）担任执行总裁35年，因为建立了"全美最适合工作的地方"而在1999年被《财富》（Fortune）杂志广泛宣传。西诺乌斯也是少数被正式授予财富名人堂荣誉的公司之一。我问过他，为什么他的公司可以跻身于顶级公司之列。他解释说，他总是把公司文化与企业规划视为同等重要。

达成这种认识之后，许多重要的事情就产生了。领导者创立价值观和行为规范，公司要对此加以体现——关心、培养、尊重、欣赏、授权并且帮助员工——当有人不能实践这些文化价值观时，他们会非常认真地要求有人负责。布兰查德说过两件事情令我印象深刻。一件事就是领导团队宣誓不让不为自己工作的人当老板。另一件事就是他们不能容忍任何人遭受虐待、欺压或者任何不尊重和不关心的对待。他也告诉全体员工，如果他们被老板虐待，他们首先应该和他或她沟通解决，但如果沟通无果，他们可以直接来找他。他告诉员工，如果他无法履行这个承诺，他们就没有任何理由相信他说的任何其他事情。

为什么这种安排如此重要？它非常清楚而具体地表明期待什么行为。它清楚地表明，以公认实行的价值观来建立健康的文化是每个人的责任。不接受这些标准或者不能以这种方式履行职责的执行人和监察者就不能胜任西诺乌斯的工作。在接下来的两年里，大约200名领导者离开了西诺乌斯。有些人是正常的退休人员。有些人经过努力，接受了训练和辅导，却不能适应公司文化的要求。有些人经过努力顺利地完成过渡。有些人被要求离开。有些人自愿离开，因为他们选择寻求另一种环境。但是经过大浪淘沙之后，领导者素质和工作环境获得极大的提升。这就是真正的责任文化的印记。它是非常值得的。

首先，它让所有员工掌控自己。虐待他人的人只有一个选择：改变自己或者离开公司去更适应那套方法的地方。这种澄清导致更好的自我控制。有些人在运用它；其他人选择不运用。只要每个人理解需要满足的标准，并且看到不满足标准的后果，就会产生一种正反馈的循环，驱动更多的学习和成长，并创造新水平的成就。

没有责任的自由是不存在的，而且这只有在不接受它就会产生后果的时候，才能被人们普遍接受。没有后果的标准就只是幻想、愿望或者建议，而不是标准。而没有痛苦或者损失的后果根本不能称为后果。真正的后果意味着，如果我没有达到标准，就要失去重要的东西。否则，我们就误入歧途。

在第四层次人际关系中，标准必须得到执行。它们创造了防护屏障，维持系统、关系或文化的健全。如果你容忍恶劣的行为，整个系统都会遭难。正如吉姆·布兰查德告诉我的，"违背价值观的人真的应该去别的地方。如果不这样，他们真的会毁掉你试图建立的一切。"

很不幸，我们都见过类似的情况。老师容忍经常破坏课堂纪律的学生。老板容忍团队成员破坏公司文化，引发分歧和不睦。家庭容忍破坏假日聚会的人。面对现实很痛苦而且很困难，但不面对的后果往往更糟糕。

练习和反馈

我能想到的获取反馈的最大动因就是：髓鞘形成。髓鞘形成是一个加工过程，通过长出髓鞘质，一种包裹神经纤维的特定脂肪组织，你的大脑提升了沿着回路传递信号的能力和速度。它提升了信息加工的速度。你拥有的髓鞘越多，传递信号的回路越好。简单来说，我们练习一件事情越多次，重复做一件事情越频繁，发生髓鞘形成的机会就越大，而这种行为的回路就变得越强。熟能生巧。或者如马尔科姆·格拉德威尔（Malcolm Gladwell）在他的书《异类》(*Outliers*, Little, Brown, 2008) 里指出，一万小时的专心训练是达到精通的关键。虽然研究对数字还有争议，但练习的价值无可否认。大脑需要练习。

虽然髓鞘形成很奇妙、很重要，但单单靠它并不能保证我们能通过练习获得学习和成长。它是不可知的加工过程；无论我们创造建设性还是破坏性的经历，都在形成自己的髓鞘。它不能为某些经历升级回路，同时忽略其他经历。

这就是为什么反馈和专心练习的组合如此重要。它不仅仅是挥杆一万小时这么简单；它还需要配合教练的反馈，你的结果反馈，还有面对不同技术下的反馈（还有不要忘记天赋）。重复练习创造出连接回路，但是只有建设性的反馈才能创造出我们想要重复和加强的积极模式。如果我们做的事情对自己或他人毫无帮助，我们需要**迅速地——在它成为模式之前**知道。这就是为什么当我的女儿们学打高尔夫球时，我从第一天就开始陪同她们，避免让她们形成日后很难克服的坏模式。只有反馈可以做到如此。

　　找到第四层次的反馈，为你做好长期成长和成功的准备。一旦知道什么是有益和良好的行为，你就可以更多地关注它们。这种协调也可以创造新的大脑回路。反馈促进许多良好的事情发生，而且它能在最开始就保护我们避免形成表现不佳的模式。更妙的是，它可以指导我们不断重复有益的行为，直到这些有益的行为变成我们的一部分。

自由、责任和爱

　　写本书的时候，我的两个女儿分别是 13 岁和 14 岁。她们非常了不起。我从未想到她们给我带来这么多乐趣。我听过许多人评论，"啊，进入青春期了。真替你难过！"或者类似有些悲观失望的样子。但我的经历并非如此。

　　不久之前我在旅途中剪了头发。替我理发的人说："我也有个十几岁的女儿。"

　　"啊，不错！她多大呢？"我问。

　　"她 16 岁。"他说。

　　"那么……你们相处愉快吗？"我问。

　　"不，不是很愉快。"他有些沉重地说。

　　真遗憾，我内心想着。

　　我知道青春期可能是一场狂风暴雨，我也知道青春期不可能全都是称心如意。十年后再来问我结果如何吧,同时还要祝我好运。我不幻想着青春期能完美地处理好,但我仍然持乐观态度。她们都是很好的姑娘。

然而,一方面我是心理学家,一方面由于大家都这么出言警告,我决定是时候和她们正式地谈一谈了。我告诉她们我最喜欢的一个公式:自由=责任=爱。以下是我所说的内容小结:

"姑娘们,你们要成为青少年了。激动人心的时刻要来临了。其中有个原因就是,你们会变得越来越独立。也就意味着你们要依靠自己去做更多的事情,而且你们想要有做这些事情的自由。因此,有些事情我希望你们能明白。

"我最深切的渴望,就是给予你们想要的自由。我没有牢牢控制你们的打算。事实上,我希望出现相反的情况。我希望你们控制自己,尽你们所能地拥有自由。所以它的运行模式如下。它是一个公式。你们所拥有的自由程度等于你们所承担的责任,而且那种责任要以爱来衡量。你们所做出的选择,也是你们要为此负担责任的,那就是充满爱心。它们必须对其他人有益,对你们自己有益。你们的选择不应该以任何方式伤害任何人——不能伤害你们或者其他人。这就是你们的责任导向。如果你们以这种方式负起责任,用爱作为指导,你们就能获得更多的自由。只要你们遵守这个公式:自由=责任=爱,就可以得到你们想要的自由。

"如果你们对于我给予的自由不负责任,如果你们做出对自己或别人不利的事情,缺乏爱心的事情,那么你们的自由也会受到相同程度的限制。你们在青春期获得的自由，完全取决于你们自己。告诉我你们能够对它负责，然后就可以得到它。这会让我的生活和你们的生活更有趣！"

我很肯定，我们会面临对这些限制的一些考验，但我保证是一位第四层次的父亲——支持她们，为她们提供反馈，给予她们自由，并要求她们对它负责——这是我能做到的极限。

我相信这个公式。我希望它适用于我们所有人的每一种人际关系，以及每一项事业。想想当每个人都拥有达到更高高度的能量、自由和责任时，世界会是怎样的情形。

第 8 章

优质关系中的每个人都在进步

在第 5 章中，我介绍过我事业中最黑暗的一段时光。我彻底搞砸了，然后一位英雄般的导师在我失败的时候打电话给我。他的好意和理解，让我在那段时间里感觉不那么孤独。但这种第四层次的连接也帮助我面对一些其他的事情：非常真实而致命地体验失败。**我的**失败。我深刻地认识到事情是因为**我**而搞砸的。是我犯下如此愚蠢的错误。是我自认为一切顺利，却缺乏必要的手段去了解事实并非如此。

我应该如何面对自己如此**失败**的这种感受？对我展开杀戮的野兽"毒牙"，就是对指责、失败、内疚、耻辱的感受，以及对自身背离标准的谴责。我是真的搞砸了，而成功者不会这么糟糕。

他们不会吗？

真正拯救我、让我继续前行并最终征服失败的是这样的话语，"哦，我们都失败过。"为什么会这样？为什么这七个字不仅仅能帮助我复原，而且还成为让我变得更好的关键呢？

恶性循环

作为心理学家，我可以告诉你，当我们身陷负面批评状态时，大脑、思想、精神和灵魂都在走下坡路。我们的大脑所经历的化学状态会形成大量引发自我谴责的有害物质。大脑不能最有效地思考、解决问题或者容纳帮助你取得成功的其他能力。这种循环持续进行，把我们拉入沮丧的深渊，耗尽我们的能量和改变想法的能力。但要突破这种模式则不仅仅需要可以依靠的肩膀。我们需要把毒牙从失败中拔除。这就是我朋友的话语——"我们都失败过"——所起的作用。它让我正视失败。

像我朋友这般成功而可敬的人，一直设身处地地站在我的位置上，帮助我面对不切实际的标准，那些我用以谴责自身表现的标准。在他的帮助下，我不必再害怕失败；我可以看到从不失败并非是我应该争取的标准；我的目标应该是继续努力，去寻找机会，不因害怕失败而刻意避开。换而言之，失败应视为把自己推向成功的另一条路径。如他所说，他们（成功者）"都失败过。"

自从人类存在以来，我们都在一个古老的问题上拉扯不清：事物应该的状态与事物现有的状态之间的拉锯。我想成为的状态对比我现在所处的状态。结果如下：高成就者解决这种拉锯状态的方式，远远不同于远逊于他们的普通人。高成就者是什么方式呢？基本上如此：他们追求更好的可能性，而不是被它所击败。当面临失败的时候，他们倍受鼓舞而不断尝试；他们不会因为错失目标而指责自己。他们的渴望和动力不会因为失败而变小或者粉碎。这就是他们表现的不同之处。再说一次，这不仅仅是个体意志力的问题。研究表明，你可以认为这是"其他人的力量"，它帮助我们经历失败，能够作为一种提升的手段，作为变得更好的一个机会。思考一下。一场对话下来，我的整个心理、生理、情感、动机和理智取向都全部转变。我的导师把目标重新塑造为某种鲜活的东西——某种我仍然可以追求的东西，而不是一锤定音、生死存亡的一瞬间。而且通过与他和其他人的交流，这种结构活在我的内心深处，成为我本身的部分。

当然，我已经在理智上明白了这一点。我们都明白，但当毒牙控制我们时，感受是如此真实；我们很难把失败视为暂时的事态。我们需要"他人"来帮忙内化它。

的确，神经科学研究表明，不赞成的面部表情，代表着负面评价，给你的大脑所传达的信号是，你做的事情不被社会所接受，而且你的人际关系可能具有危险。非但没有关注可能的解决方案，我们反而被害怕拒绝、不安全感和失败的恐惧所压倒。明显地，当我们陷入这种感受时，我们不太可能注意到，更不用说解决表现上的客观差距。（参见丽萨 J. 博克兰（Lisa J. Burkland），内奥米 I. 艾森伯格（Naomi I. Eisenberger）和马修 D. 利伯曼（Matthew D. Lieberman），"拒绝的表情：拒绝敏感性调节背侧前扣带活动形成不赞成的面部表情"，*The Face of Rejection: Rejection Sensitvity Moderates Dorsal Anterior Cingulate Activity to Disapproving Facial Expressions*，PubMed，www.ncbi.nlm.nih.gov/pubmed/18461157。）野兽的毒牙在你体内，而你更关心人际关系的安全性，而不是解决问题。当你的大脑检测到创造力和表现的一项重要功能可以发挥得更好时，你会想让大脑思考如何发挥得更好，而不是如何避免被拒绝，避免失败或者避免被指责。这就是为什么需要一位在第四层次支持我们的人，为我们提供局外人的视角。好比一位经验丰富的飞行员,知道如何带领满载乘客的飞机安全地穿过乱流,我们的第四层次人际关系可以展示如何超越绝望和无助的感受,迈向新的可能性。这就是我的朋友为我所做的事情。

我们所做的一切事情,无论是作为商业领袖,父母,业余运动员,还是配偶——这两种现实情况同时存在:任何时刻都存在我们的现状,以及我们想成为的状态。这两种状态之间可以协调的空间就是差距。我们无法避免差距,但我们可以决定如何拉近差距——或者如他们在伦敦地铁站所说,我们如何用思想实现它。它是带来激励还是带来挫败感?我们是用它来指导如何进步,还是用它来指责我们失败的程度?看看电影行业最杰出的人物是如何缩短这两种现实之间的距离。

皮克斯(PIXAR)的故事

出品过《海底总动员》(Finding Nemo)、《玩具总动员》(Toy Story)以及《怪兽电力公司》(Monsters, Inc.)等电影杰作的皮克斯公司,在执行总裁艾德·卡特姆(Ed Catmull)的领导下,开辟了在艺术和商业领域双双成功的讲故事模式。皮克斯吸引全球最有才华的人,这一点毫无意外,令人惊讶的是,它也创立了高度合作、高度复杂的第四层次关系文化,而当包含了艺术型人格时这种文化的建立会相当不容易。这种文化的一部分是建立在失败比成功更多的基础之上;这是可以接受的。用我的话来说,卡特姆和他的同事们通过"从失败中拔除毒牙",创立了第四层次的文化。

正如卡特姆在他的书《创新公司皮克斯的启示》(Creativity, Inc.)中所述，"皮克斯如此与众不同，是因为我们深知，我们总会遇到问题，其中很多问题隐藏在视野不及之处；所以我们不辞辛劳地发现问题，即便这样做会让我们不那么愉快；而当我们无意中发现问题后，就要整合全部的力量去解决问题。这就是我喜欢早晨起来去工作的原因，胜过任何精心准备的聚会，或者似塔楼般华丽的工作站。这就是激励我、赋予我无限使命感的东西。"

皮克斯可以容忍失误，但它会尽量根除消极态度和不利于生产的业务方式和行为。卡特姆和他的同事们认识到，创造力需要安全的文化氛围，而且皮克斯必须主动创造这种文化氛围。"我用将近四十年时间来思考，如何帮助聪明、有抱负的人们高效地合作。在我看来，作为经理，我的工作就是创造生机勃勃的环境，让它保持健康发展，并警惕对它产生破坏的东西。"

卡特姆所描述的"生机勃勃"的文化，让人们觉得安全，不必时刻保持完美，也不必永远正确，但它仍然提供确保最终产生非凡成果的过程和结构。而这就是它的复杂之处。健康的文化既要为人们营造安全感，也要保证人们不会沉湎于享乐。健康的文化接受人们的自然状态，但也会轻推人们，有时候甚至迫使人们变得更好。

卡特姆描述了创造特定规则的方式，既保持心理安全感又鼓励团队进步。他承认在初始阶段，"我们所有的电影都很烂……我有意经常重复这一点，而我选择这种措辞，是因为婉转的说法不能表达我们的电影给人的第一印象真正有多烂。"以此来正视这一过程。然后他开始缩短这种差距——从"烂片到不烂"。通过这种做法，他帮助多才而奋进的团队看到这种差距是可以弥补的，他们可以从现状走到他们想要达到的状态。

他是如何创造出这种关系的安全性？首先，他致力于创造一种没有老板的平等文化。他在集思广益的会议上去除所有等级制度的标志，把会议桌和座位牌换成舒适的沙发，以加强人人平等的感觉。电影必须好看，这个标准高于一切。个人是不是看起来不错，是不是比其他人聪明，都不是重点。个体的胜利不重要；做出最好的电影才是重点。

最后，卡特姆创立了平等交换的互利互惠文化。他要求团队"提出并聆听好点子"，或者是反馈。我很喜欢对"提出并聆听"的强调——不仅仅局限于提出，还要能够接受反馈。从另一方面讲，他对聆听的关注意味着接受能力。既然发送者不准"开枪"，接受者也就不必防御。在第四层次的人际关系中，我们需要乐于接受，但我们需要无害的、"可以接受的"反馈。正如神经科学的研究表明，当我们遭受恐惧和失败的毒牙感染时，我们无法吸收反馈。

最近，我在一家技术公司的非现场执行团队里待过，里面这种困局非常突出。一位非常聪明的团队新成员得到一位资深成员的反馈，是关于他所写的一个计划。这位资深成员就是不喜欢这个产品。根据该团队所创立的主要价值观，她把意见如实地说了出来。

得到这种反馈之后,这位新成员立刻怒发冲冠,变得防备起来,然后会议的风格为之一变。你可以感觉得到。尽管他们继续讨论着计划,此前活跃的会议氛围犹如笼罩了一层寒冷的冰霜。这位新成员的身体语言和语调出卖了他。最后,我停止了讨论并且说,"等一下。让我们谈谈发生了什么事情。这样可不好。"

"你是什么意思?"他说。

"你完全心不在焉,魂不守舍,而且你说话都不一样了,好像你真的很生气或怎么样。我不觉得我们是在讨论正事,虽然我们还在不停地说。你看上去很不对劲。你到底怎么了?"

"好吧……你想知道吗?我告诉你。她对我做的任何事情都吹毛求疵,和她合作实在太难了,"他说,"我觉得还是别再努力了。自从我加入这个团队,她就一直反对我。"

"比如说呢?"我问。这听起来很可怕。也许我并非如自己想象地那么了解她,也许她在别人面前就是猛兽。这种情况是有可能的。

为了团队的利益,我知道我们应该立即解决这个冲突。正如卡特姆所强调的,有活力的文化必须"战胜阻挡在前进道路上的不可见力量。"所以我们深入探讨了一下。

团队的这位新成员继续描述他的感受——没有办法取悦她,她总是说话非常"刺耳。"团队中的其他人和我静静地听着。虽然她很直接而且她的反馈常常没有溢美之词,但她的本意是好的。她可能很有魄力，甚至偶尔有些强势，但她很真诚，完全是为了团队着想。但这并不是他所感觉到的。

"我根本不认为她说的话是那样的。"我说。

"你的意思是什么呢？"他问。

"我只是认为她在给你提出她的看法。她总是这样对我——比她刚才对你所说的话更刺耳。"我看着她，她脸红了。"然而貌似当她这么对你的时候，"我继续说，"你受到了伤害，并没有感觉到帮助。"

我指出，我最近与他的交流中有过类似的经历。当我驳回他的某些意见之后，他认为我不尊重他。我打消了他的顾虑，我不想让他感觉糟糕，但是团队需要找出一个办法，既可以给他提供反馈，又不会让人当面下不来台。

当我们聊开之后，他透露说，他从未在这种文化氛围下工作过，可以自由地分享真实、坦诚的反馈，却没有人不断地感觉到威胁。他以前工作过的地方，人人都表现得很友好，但是他们常常不真诚。他仍然无法相信这个团队的价值观是来真的，而不只是嘴上功夫。此外，他现在可以看到，他所表达出来的一些抗拒和防御，来自他把出于好意的意见视为故意贬低的行为。

对他而言，这是重要的深入了解，因为要想真正地从第四层次人际关系中获益，我们就必须认识到，内心的对话可以影响反馈的发出和接收。当本意是提供有益的批评时，我们可能会听成刺耳的话语。这种情况的发生，通常是有人在与老板相处或者在其他人际关系中有过受伤的经历，这些声音和剧本仍然在背景中播放着，从而给后来的交流蒙上一层色彩。有些人一生都沉浸在第三层次的恭维之中，没有人告诉过他们，并不是他们的每一种想法和理念都很特别，所以当有人提供反馈的时候，他们觉得很刺耳，或者将之视为不受尊重的标志。我们经常用过去的有色镜片来过滤现在的人际关系。

同时，在这个特定的非现场环境下，我们继续努力解决这些问题，并在建立第四层次关系方面取得了一些进展。这位初级主管承认自己需要努力倾听不同的声音，在感觉不太好的时候坦诚相对，并询问其他人真实的意见。这很了不起。我为他鼓掌。

同样地，团队的这位资深成员，为了成为更有力的第四层次人物，自身也做出了调整。我一度转向她说，"顺便说一下，你知道这并不完全是他的错。我知道你不是故意这样不友好，但你可以适当地注意下自己的语气，它可能对你有帮助。"她笑着说，"确实如此。当我再这样时请告诉我。"这才是真正的第四层次变化，把野兽变成你的朋友，而不是敌人。

卡特姆指出，我们都需要告诉彼此"电影很烂"，但要知道这并不是针对个人而言，而且我们都想要做同一件事情，让它变得更好。第四层次是一个两者兼顾的地方。我们需要好好地说，也需要好好地听，尽管它不是那么完善。这只是开始，但我们还需要培养好好说话的能力，坦率而温和地表达我们的反馈。当我们全都开始经常这么做时，我们就在其他人身上发展了同样的能力。老天作证，世界上多一分善意，我们就多一分受益。我们需要善意来成长。我们需要很多善意，而且如果我们得到了大量的善意，就更能包容善意缺失的时候。举个例子，如果你曾经千百次地给我善意、有帮助的反馈，那么当你心情不好、关起门来的时候，我会更愿意同情你、关心你，而不是用最坏的恶意来揣测你，将你拒之门外。这种宽容提升了我们关系的安全水平，让我们更容易去付出和获取反馈——不只是从短暂的变化中复原，还要更好地团结起来，实现我们共同期待的下一个惊人之举。

很幸运，我们可以做一些事情来推动这一过程。这种努力的核心要素，就是有意和主动地创造以下两点：

1. **制定标准，用以交流我们想让某事变得更好的方法。**
2. **监督这种交流的完成情况。**

方式和方法

我们需要一些可以操作的标准、价值观或者行为准则，以帮助良好的反馈开枝散叶、茁壮成长。例如在皮克斯，他们都认为问题总是有的，一直在解决问题。这是多棒的标准啊！——相对于那些不允许出现问题的文化，人人噤若寒蝉，更不要说开发出杰出的作品了。皮克斯的另一个标准就是基于平等的合作。换句话说，**想法没有等级或立场**。

这个标准非常好，如果你觉得老板的想法不够好，你可以自由地表达。同样，当他告诉你他不喜欢你的想法时，你也不必将此视为一种责难或者担心你的工作或晋升。皮克斯也推崇"支持"文化——在这种文化中，反馈是为了服务大局着想（例如，创造最好的电影）。每一个反馈都是服从于这个利益，去帮助大家共赢。此外，皮克斯对于给予反馈和接收反馈同样重视。这是每个人工作的一部分——不仅仅要给予反馈，还要接收反馈，从而服务于大局。

这些就是第四层次团队和组织所使用的伟大规则。我与执行团队合作的时候，当团队给予和接收反馈的能力遭到破坏的时候，我发现通常会导致痛苦的结果。这种问题比策略或执行计划本身更严重。把失败归咎于低劣的产品或者某些失败的操作层面，这样做很容易，但是问题通常始于更深层次的上游部门——往往是出现在沟通失败的情况下，尤其是缺乏给予和接收前瞻性的、目标在于做到更好的、既不责备也不掩饰团队薄弱环节的反馈。

所以我鼓励执行团队去制定一些简单的准则和交流标准。我鼓励团队分享过去的反馈经验，不管是帮助他们进步的反馈，还是导致他们退步的反馈，如此他们就可以想出一个方法，来沟通目前状态与目标状态——从而达到提醒差距的目的。

我合作过的一个团队提出以下这段指导性的话语，作为他们的参与原则："我们致力于互相尊重、协同合作、**及时**而完整的对话。我们要清晰而坦率地表达意见和分享观点，同时对不同的视角保持开放心态。我们对信息和彼此的期望要认真聆听以达到理解,并有礼貌地提问以达到清楚明确。我们要开诚布公地讨论重点问题,小心谨慎地传达难点信息。我们承诺不隐瞒重大事情,也避免向无关人员透露信息。"(参见我的书《领导者的边界》(*Boundaries for Leaders*,HarperCollins,2013。)

其他人用其他方法也做到了。比如以下几个例子:

- 对事不对人。
- 让我们热爱每一个想法,持续五分钟(或者某段时间——45秒?)。
- 有礼貌地表达看法,但要毫无保留。
- 交涉或争执之前,仔细聆听并三思。
- 不得理不饶人,也不做过分的人身攻击。
- 不通过私下的渠道沟通,也不旁敲侧击。

第四层次人际关系的正确原则,无论是个人还是工作上,都要依赖于环境。但无论你建立什么标准,都要认识到是你在决定,一方面,你的信息是否有人在倾听,怀着尊重、好意和诚意去倾听——另一方面,你是否能够利用尊重、好意和诚恳的反馈来超越现有的极限。

所以,在你的第四层次人际关系里面建立机制很有帮助,可以让对方了解你是如何提供反馈,以及你是否遵守自己所制定的反馈标准。你必须能够监控你是如何监控这些人际关系的。

我最近与一位执行总裁和他的团队合作,他们在团队动力上遇到一些困难。该团队在一个重要的战略问题上分裂成两派，三位成员结成同盟对抗另外两位成员。执行总裁说他总是感觉夹在中间。他不想要这种感觉，并最终站出来说，"不能再这样了。我不能再坐视不理，如果你们不能开始互相尊重地对待彼此，那就换个地方待吧。"

执行总裁让争吵不休的成员知道，如果他们选择继续像以前一样，他就必须把他们踢出局。本着真正的第四层次人际关系精神，他已经赋予他们自由来选择自身的行为，但同时也让他们知道，他们的行为都有相应的后果。很幸运地，他们能够从对反馈当真，将之视为执行总裁是为他们好并且与他们在一起的信号，而且这种讨论形成了一个新巧的标准，帮助团队始终如一地坚持它的价值观。我们称之为旗帜。

当有人犯规时，足球裁判就会扔旗帜，这个团队决定采用类似的监督体系来确保大家公平行事。如果任何团队成员感觉对话转向挖苦讽刺，或者某些行为变成搞小团体或搞分裂或影响整个团队的价值观或目标时，那么这位成员就可以扔出黄旗来中止活动。（他们确实在开会的时候把一些黄色的旗帜放在会议桌上。）每一个团队成员都可以为了纠正违规而中止活动。

类似地，所谓的过程检查在团队其他会议中也很有帮助。它们对夫妻关系或家庭会议也很有好处。花点时间问问如下问题将会受益：

- 我们是怎样帮助彼此进步的？

- 我们的反馈起作用吗?我们给的反馈足够吗?我怎样才能让我的反馈对你更有帮助?
- 我怎样才能以更开放的方式接收这些反馈?

艾伦·穆拉利(Alan Mulally),作为被引进福特汽车公司实现力挽狂澜奇迹的传奇总裁,以拥有12条明晰的合作原则而知名。许多业界专家愿意相信这种视野和行为的明晰,而且相信可以把这种明晰注入一种失败的文化并实现它的团队能力,这就是福特公司得以起死回生的原因之一。有人观察到,穆拉利在开会前会大声地朗读这些原则,然后在会议结束时,他会重温一遍,问,"我们做得如何?"这已经形成了惯例。

他很好地诠释了我们所讨论的两件事情:拥有标准和监控标准的遵守。这种过程检查对改变任何行为都很重要,尤其是改变所有其他行为的行为——与人合作共同进步的能力。当我们取得进步的方法得到改进,我们就进步了。取得进步固然重要,但研究取得进步的方法也很重要。如果你做到了,你就会很快乐。

The Power of the Other

第 9 章

阶段性成长

想象一下你站在山脚下，想要攀上顶峰。你终于鼓足勇气，付出大量时间和努力去制订登顶计划。然后你就开始攀登。没想到迈出几步之后，你却突然滑倒，几乎落在了刚起步的地方。就在此刻，山顶有一位忍者对准你滚下一块巨石。另一位忍者向你投出一杆有毒的长矛，差点就投中你。你擦擦冷汗，仔细盘算着要不要起来再试一次，但是你又意识到如果再次跌倒就要受到这种惩罚。此刻你最关注的，就是如何在下次跌倒时免遭巨石和长矛的攻击。你又尝试了一次，这次却是半心半意地，但你仍然没有取得进展，然后巨石和长矛又向你投来。

这就是我那天晚上的状态，一直持续到野兽被拔除毒牙。但是在我朋友帮我拔除毒牙之后，由于他的理解和对此事的正常化，失败就不再影响我。它让跌倒变成攀登山峰过程中的正常部分。我不再因为做得不好，而受到有毒长矛或巨石的攻击。但我仍然没有脱险……现在怎么办？

如果你继续做同样的事情，你就会得到同样的结果。即使你不再受到不明身份的敌人的攻击，你的拙劣努力会让你回到原点。你不再受到攻击，但你也一事无成。你努力了，但你只能达到同样的水平。无论做什么，你都寸步难行。

你想爬得更高，但你却翻来覆去地碰到同类型的障碍；你总是被自己的失误所绊倒。即使已经拔除失败这头野兽的毒牙，你仍然还是受制于自身的倾向，注定要重复你之前做过的事情。

"你已经达到自身的极限。"你也许不再感到难受，但也不会获得你所渴望的下一阶段的成长。还有一些事情必须改变。

你该做点什么？

敞开

在其他作品中，我最喜欢拿物理学的热力学第二定律打比方，来解释人类表现的工作原理。该定律基本上认为，在任何系统中，能量的总量都是有限的，并且随着时间的流逝，这种能量作用越来越小，越来越倾向于混沌无序。和系统试图保持有序和向前发展的程度一样，能量必然也是如此，因此系统的特性会发展成更加无序化。这种秩序和能量的衰退被称为熵。无论一个人再如何努力，系统一直都在衰退，变得更糟而不是更好。人类的表现也是如此。

工作上也是如此。如果一个管理团队继续使用过去成功的计划，虽不断碰壁，却总有各种因素或借口来解释。然后这种情况不断地发生，直到不得不承认工作成果已经趋平，或者开始衰退。

对个人而言，一直也是如此。有的高尔夫球选手无论如何辛苦地练习，也无法让他的差点下降半分。一对伴侣计划无数约会之夜，想重燃亲密之情，却持续在同样的问题上争吵不休。一位领导者遵循自创的最佳实践，而这种过去稳操胜券的策略始终无法提高现在的成绩。

如果你读过我其他的书，那么你就知道有两个基本的要素可以打破衰退的循环：能量和信息的新源头。

在工作上，我们对这种人有专门的术语：转型艺术家。曾经的艾伦·穆拉利就是这种人，他把福特公司从边缘拉了回来。他注入了新的能量并贡献了新的信息，把一套全新的实践和价值观融入一种文化，从而扭转了熵值。就个人关系而言，这些能量和信息的新源头可能是来自一位治疗专家，一位睿智的朋友，一位教练，一位牧师或者一个支持团队。

还有，你必须愿意敞开自己——向你的团队、工作、家庭敞开自己——去接收能量和信息的汇集。就像在大部分其他情况下，你得自己选择。

考虑源头

比如说你接受我的前提假设，你需要借助自身以外的东西来达成期望的目标。你已经克服了失败的致命一击，但你认识到，没有感觉不好并不代表着完成自身的目标。第四层次的人际关系具有帮助人们向上的特定要素，所以你需要置身于第四层次之人的包围中。在第四层次关系中，你指望用什么来超越现有的、已知的极限呢？

我必须非常清楚地说明，我没有建议你摒弃所有不良的或无法带来成长的朋友、家庭成员或合作者。老天作证，我们的生活正是由于有各色人等才变得有趣、好玩，偶尔还有一些荒诞。有他们陪伴是一种福气。但你一定要认识到一件事情：不是他们所有人都能给你提供新能量或新信息。头疼、捧腹大笑，以及难忘的经历，这是有的；营养，却未必能有。所以你必须保证，要从多种渠道寻求能量，而且尤其要注重寻求能给系统增添能量的人际关系种类。这些人际关系是怎样的呢？

精益求精

罗克·丹佛（Rorke Denver，指挥官）是一位前海豹突击队队员，在他13年的精英作战部队生涯里见识过多场战斗。他在领导能力训练活动中频繁演说，鼓励人们并分享他作为海豹突击队队员的原则和经历。去年的一场活动中我们和6000名参与者一起，丹佛指挥官请求观众站起来把双手指向天空，尽其所能地高高举起。在全场一片高举的双臂和双手的海洋之中，他暂停了一下。然后他说，"好的，再举高两英寸（约5厘米）！"你可以看到，所有人都在他们认为的最高处又举高了两英寸（约5厘米）。6000人认为他们的手臂已经举到自身高度的极限，但在他的鞭策下，他们很快认识到他们还有更多潜能。一万两千只手臂举得更高了！这是一幅壮观的景象。只用一个小小的建议，他们就在自认为可能达到的高度上，把自己推进得更远。

这种快速练习的前提条件，是我们未知的潜能还有很多，而想知道自己能走多远的唯一方法就是进行尝试——但它需要第四层次人际关系帮忙轻推。需要有人推进……精益求精。

我们常常不知道自己拥有的能力和有利条件。它们还不为我们所知。正确类型的第四层次人际关系所做的就是这些：它指出你隐含的有利条件，并且告诉你如何利用它们。最佳类型的他人在设定精益求精的目标时会平衡两个因素：

1. 他们会推动你在过去的基础上更上一层楼，鼓励你为达到目标而培养新的技能。

2. 然而，他们不会把你架到力不从心或者让你退步的境地。

最好的领导者、教练和朋友同时做这两件事情。他们推动你超越已有的成就或者你自认为能够抵达的状态，但又不会远到让你无法触及。**他们精益求精但不会带来伤害。**

正如米哈里·契克森米哈赖所描述的，当我们经常受到挑战，而新获取的技能又足以应付的时候，就会产生高峰表现。如果我们受到的挑战远远超过新获取的技能，我们就会从最佳状态——学习和满足的一帆风顺中溜出。当获取新技能（和信心）时，我们能接近更具挑战性的目标，但其中的窍门在于平衡精益求精的程度和足以带来成功的习得技能水平。

恰当的精益求精程度会激发我们的能力和自信；若不恰当则会把我们送回失败的毒牙之下。（可以这样来思考，如果你第一次决定参加马拉松，你应该用几个月时间慢慢地增加训练里程以为大赛做准备。如果你此前的极限是 2 英里（约 3.22 公里），你就不应该在一天内宣布你的参赛决定然后立刻跑下 26.2 英里（约 42.16 公里）。）换个角度来说，如果你没有受到足够分量的挑战，你就会有跌入契克特米哈赖所说的令人厌倦的象限的风险。我把它称为脱离（无法投入）。它就像期待一个过去能跑 2 英里（约 3.22 公里）的人，被要求去跑 2 英里或者仅仅 2.2

英里（3.54公里）。这不足以成为挑战。

伟大的第四层次人际关系一直推动我们进步。它们不会让我们原地踏步，以免我们进入稳定停滞状态，变得无聊，无法投入或者去寻求另一种令我们保持清醒的人际关系（比如说，在第三层次）。如我之前所描述的，人类是寻求连接关系的系统，但又是寻求兴奋的种类。如果我们觉得无聊或者无法投入，我们会禁不住去寻求能重新给我们注入能量的东西，即使这种兴奋剂是来自暧昧关系或者其他甘冒风险的行为。正是由于缺乏投入感才使得许多关系走向失败；如果一方没有为人际关系注入新的能量和信息，另一方可能不再有兴趣为人际关系投入更多的亲密行为。这会导致各种毁灭性行为。

工作中也是如此。工作满意度更依赖于经济补偿。在经济需求满足之后，人们寻求能提供其他东西的职位，有机会培养新的技能和获得更高挑战和成长的职位。他们需要成长。

尽管最有才华的人想要更多的机会来考验自身的潜能，但是如果你经常让人置身于高强度的压力之下，需要过多的精力投入，那么他们可能会变得气馁、感到被压垮和焦虑不安。最终（或很快）他们就会离开。领导者必须给系统注入恰当程度的压力以激励人们，但不能让压力大到令人崩溃。拉扯他们，他们就会向目标前进。拉扯得过分了，就像橡胶带一样，他们也会被拉断。

我们从神经科学和教育研究中知道，学习和进步发生在高级唤醒状态下，但只能达到一定的程度，超过这个程度之后，表现就会衰退。这种人际关系被称为叶克斯－多德森法则（Yerkes-Dodson law）[一]，正如任何做过演讲或报告的人都知道，上台之前的忐忑情绪常常帮助激发一个人的表现，但不要让这种能量转化为恐慌症状态的怯场。

通常情况下，技能所需要的认知强度越高，则可以容忍的唤醒水平越低。试想一下有人在你学习微积分时大声尖叫的情景。但无论何种任务，实际上，我们需要来自外界的刺激，以保持我们系统的健康和壮大。确实，关于目标设定的研究表明，当我们被要求完成很高的目标，那种很困难但又很特别的目标时，我们就会茁壮成长。我们注定要在挑战中成长。这就是为什么培养出最健康孩子的环境要做两件事情：给他们以温暖鼓励和对他们寄予厚望。

我鼓励你问问自己一系列问题，你是否可以利用正确类型的关系帮助自己达到下一阶段：

- 我是否得到恰当的推动，来追求更好，来完成更多？
- 为了追求更好，我接受过什么样的特殊挑战？
- 为了完成更多，我接受过什么样的特殊挑战？
- 是否有人推动我脱离我的舒适区？
- 当我抵抗或挣扎时，这些情绪是如何得到解决的？其他人一贯支持我的成长需求吗？

[一] 唤醒理论，即适度的压力水平能够使业绩达到顶峰状态，过小或过大的压力都会使工作效率降低。——译者注

十倍的挑战

有时候，我们需要的精益求精正如吉姆·柯林斯（Jim Collins）所说的"宏伟的目标"（BHAG）。要达成这样的目标，就要超越我们以前做过的任何事情。不仅要有渐进的步伐，还要有改变一切的目标，让我们超出自认为可能水平的十倍之上。

伟大的远见者鞭策人们取得绝对惊人的成就。当肯尼迪总统在1961年的国会特别联席会议上说，他想让美利坚合众国在十年内把一位美国人安全地送到月球上去，那就是一个BHAG。谷歌公司的联合创始人拉里·佩奇（Larry Page），当他还是研究生时就开始拨弄自动驾驶汽车这一想法，远远早于这门技术发展起来之时，他就处在BHAG的状态。他的精益求精不只是建造一辆更好的汽车，而是寻求一种完全不同的方式完成从现状到彼岸的转变。他的这种想法从何而来？创造谷歌公司的想法又从何而来？坐在林中的树桩上接受缪斯女神临幸而来吗？

不。他的想法来自他人。

有一年夏天他参加了一个学院训练活动，名为"塑造领导者"。这个活动教给他一种新的思考方式：如他所说，拥有"对不可能的事情理性地漠视"。他在活动中认识的老师和教练鼓励他追求自己的梦想，无论梦想有多么大，而他确实照做了。2009年，他在密歇根大学毕业典礼演讲时，叙述这些巨大、不可能的梦想，其中一条就是**下载整个网络，然后只保存链接。**

天啊！从那个梦想开始，谷歌就诞生了。但是如果他没有遇到"塑造领导者"里的人呢，没遇到这些给他的系统注入新的能量和信息的他人呢？如果他只遇到鼓励他遵循符合传统期望的陈年老路，只要求做出些许改良的他人呢？

在同一场演讲上，佩奇回忆说，当他走出恐惧的阴影之后，刷爆信用卡购买硬盘组建谷歌公司，他感觉像"暴风雨人行道上的蚯蚓"。他说学到的课程和想传递的教训是："一句话总结你如何改变这个世界？永远在令你极度兴奋的事情上发奋努力。"（拉里·佩奇，密歇根大学毕业典礼演讲致辞，2009年5月）

"极度兴奋"听起来就像其他研究者所描述的高峰表现的最佳状态——升级你的挑战同时考验你的新技能，在两者之间微妙地舞蹈。这些酣畅淋漓的高峰体验，当我们真正前进、成长和学习的时候，就能形成密切的关注，启动所有的认知资源并主动投入其中。大脑得以整合最好的资源，而且真的可以做到。

我有一位建立了房地产帝国的朋友这样说："如果，每天有某一时刻，我坐下来思考要完成的任务却没有感觉到头疼，那么我就知道，我没有对自己精益求精，没有做一个足够艰难的交易。"他也在描述这种极度兴奋的状态。他以此来获得成长，并成为亿万富翁。

但这种精益求精并非地产大亨或谷歌创始人的专利。我们都认识在他人的支持下，把不可思议的梦想变成现实的人。设想一下，一位内城区的孩子听到老师的鼓励说，她可以上大学，然后成为医生。或者一位守在家里的母亲，在邻居的鼓励下开创自己的事业。或者年轻的同事在创始人的敲打下启动一项新产品。给大脑出一个特别但又重大的难题去解决，它会带给你惊喜。给人们成长的机会和工具，人们就会大放光彩。但是，难题需要足够重大才能有此作用。而且此后该过程中必须得到他人的帮助、监督和支持才行。

一步一步来：阶梯计划

他人在帮助我们完成目标时，他们所起的绝对关键的作用就是帮助我们制订务实的计划。当你在考虑你生活中的他人时，问问自己以下这些问题：

- 他们是否帮助我设定与我渴望的大目标一致的、可以完成的小目标？
- 他们是否在以有益而特别的方式帮助我监督进展过程？
- 他们是否珍视我取得的小小进步，还是他们只崇尚"全垒打"？
- 他们会为小小的胜利而庆祝吗？
- 他们是否正在或一直在进步的路上，逐渐地、一步一步地迈向非常宏大的目标？他们理解这个过程吗？
- 他们是否只把我与理想的榜样作比较？
- 他们是否会帮助我分辨完成目标的多重选择，还是只是用他们的方式或者捷径的方式？

在工作中，你经常遇到只重视大获全胜的领导。人们因此感到价值被贬低，或者甚至被迫承担超出自身能力和经验之外的风险。伟大的领导者和表现者始终如一地用欢庆时刻来纪念小小的胜利。他们享受小小的胜利，因为他们视其为长期过程的一部分。

好的教练长久以来都是这样做的。现在我们从大脑科学中得知为什么要这样做。我们的神经网络和回路是在鼓励和积极情绪的背景之下形成的。对目标设定的研究在形成第四层次的挑战时提供了许多重要教训。比如说，我们知道，我们为自己和其他人定下的目标，必须受到足够的挑战才能激发我们的能量和大脑，但是它们也必须务实和可以实现。

完成这些目标的难处必须讲清楚并解决掉，这也很重要。研究表明，盲目乐观的想法并不能奏效，因为当无知无觉的乐观想法遇到困难时，它们就会受到打击并使人的心情沉入谷底。第四层次的人们不仅仅帮助我们相信我们可以完成目标，而且他们也帮助我们看清，实现目标真的需要完成大量的工作，需要应付大量的麻烦。他们使困难变得正常。他们会在背后鼓励我们，也会和我们交流，共度困难时期。

我们也从研究中得知，尤其是心理学家卡萝尔·德韦克（Carol Dweck）的研究，那些拥有"成长型思维"而不是"固定型思维"的人，更容易完成目标和取得进步。拥有成长型思维的人，把才华视为可以培养和提高的东西，而不是一种天赋，一种不会随时间而改变的固定资产。我思考这种东西的方式，就是研究者命名的"掌握目标"。你要全力以赴地试图取得进步并掌握某种东西,而不是认为你要么精通它要么不精通它。事实上,研究者海蒂·格兰特·霍尔沃森(Heidi Grant Halvorson)把这称为"取得进步"的目标,这是一种了不起的思考方式。

在这种要变得更好的心态下,我们总是追求进步,问问自己,好吧,我还能做得更好一些吗?我可以为下一次学到些什么呢?这种心态也不应该局限于失败后的时刻,而应该在面对困难的时候一直保持。

致力于"掌握目标"的人们,不会在遇到障碍时就如此崩溃。他们会重新评估,然后继续出发,觉得自己能够做得更好。这就是为什么你需要这种类似心态的人出现在你的第四层次。我们有太多相反的经历了:父母、朋友、兄弟姐妹或老板,一旦他们对你产生特定的看法,就会一直保持这种刻板印象;他们会用这种标准来衡量你后来做出的任何行为,无论标准是多么过时。无论你做什么,取得什么进步,他们的看法不会改变。如果这就是他们看待你的方式,那么他们不会对你很有帮助,不会关心或投入你的进展状况。他们认为你也就这样了,仅此而已。

但是还有另一群人,他们以发展的心态看待世界。他们相信人们会成长和改变。他们在看待他人的时候惯用发展的眼光——不看他们的现在,而看他们的未来。我无数次听到人们说,"嗯,你知道的,人们真的不会改变。"除非花钱雇用我改变他们的想法,否则根本不值得与他们争论。他们就是这样认为。

但是，这绝对是不正确的。科学表明，我们可以改变。我们确实改变了。我们确实变得更好了，但通常是在有同样想法的人和全力帮助我们的人的支持下做到的。

在本书的前面部分我写过我的父亲。我给你们分享了我对他的热爱，以及他对我生活中的许多方面产生的巨大作用。他帮助我学习大量的技能。他教育我如何打高尔夫球、狩猎、钓鱼和思考工作和生活的其他部分。在他与我共同参与的活动中，我能感受到他对我的鼓励。

我这样说是为了和他常爱说的一句话作对比，当我逐渐成长的时候，我就对这句话深恶痛绝，但我从不知道为什么，直到我成为一名心理学家。当我想解决或者想完成的事情过于重大，因此而受到打击的时候，他就会说这句话。如果我说起其中的困难程度，他就会说，"登山者眼里可没有小山。"

这句话总是让我的心沉入谷底。我会感觉丧失斗志和心情低落。并且很孤独。我知道他说出来是为了鼓励我，但它却起到了反作用。我从未理解为什么，直到我开始钻研目标研究和他人的力量，鼓励的作用，以及我们如何克服困难。当他说这句话的时候，他不是说，"你可以在变得足够好之后再去完成它。"他是在说，"你应该已经可以做到了。你是一位登山者。"

此外，只有当挑战所包含的目标，是他没有直接参与帮助我掌控的时候，他才会说出这句话。我可能表达了一些忧虑，然后他的回复就是，"没问题。登山者眼里没有小山。"他的反应让我独自一人思索。在他的想法中，我已经能做到了；只要正确地行动就可以了。在我的想法中，我知道距离完成它还很遥远。我寄望过，即使他没有参与我生活中的这些部分，比如学术生活，他也应该说一些更有"进步"导向的话。本来是可以带来帮助的。他可以说，"这听起来很困难。可能要花费些功夫。我能帮上什么忙吗？"或者"你能寻求哪些帮助？"

别担心。我并非在批评父母。我深深地感激父母为我做过的许多事情，而且祈祷我也能同样对待自己的孩子。但是，理解这个研究方向真的会帮助解释这些感受。当走出舒适区后，我们需要以进步为导向的支持者留在自己的层次。

目标研究者海蒂·格兰特·霍尔沃森把"掌握"方法和她所称的以表现良好为目标导向的方法作比较。（参见她的书《成功，动机与目标》(*Succeed: How We Can Reach Our Goals*, Hudson Street Press/Penguin, 2011.）用这种不怎么有用的方法看待目标的人，采取的是以表现为导向，基本上表明他们"表现够好"，而且最终要么是证实自己，或者他们达到了目标；要么表明他们"没有做到"，如果他们确实没有做到。结果，他们总是试图证明自己很有才华、有能力、聪明或者他们每次追求的任何目标。你可以说，这是对他们自我价值的考验。（这就解释了为什么我偶尔在完成目标之后，习惯于感觉如释重负，而不是满足。）

在这种导向下，如果你没有做得非常好，相对于"掌握"方法而言，它就更像是一种灾难。以"表现良好"为焦点的团队倾向于把任何失误或失败当作他们没价值的标志；而聚焦于

"表现更好"的团队把失败视为学习和继续尝试的机会。

当我的父亲告诉我，"登山者眼里没有小山"，他正把我归类于好的登山者那一类别，然后我的表现将证明或者反证这种评价，但它不会以任何方式推动进步或学习。（一想到这里我就头疼。）相反，霍尔沃森指出以"表现更好"为导向的另一方面：它引导人们寻求更多的帮助，从而导致进步和突破极限。以此为导向的人们比"表现良好"者寻求更多的帮助，因为寻求帮助会证明"表现良好"者没有他们想要的那么好、那么聪明，而且其他人也会如此看待他们。我记得几乎要说服我父亲他是错的。**我不是**登山者，事情**真**的很难，而且我需要一些帮助。

另一方面，最好的第四层次之人，把你旅程中的每一个场景都看得很重要，而且他们确保你也如此看待。每一个场景都是一个阶梯，他们不会期待你在行动之前就知道该如何做好。他们不期待完美的表现，但他们确实注重并庆祝每个小小的进步。这就创造了一种带来成长的氛围，同时还伴有其他因素如支持、主人翁精神、责任和反馈，确实如此。

这种方法如何奏效的一个例子就是体重守望者，它关注一个众所周知的困难人群（因超重而尝试减重却无法成功的人群）。他们帮助参与者把目标分解成更小的步骤，然后加以监督和组织以获得成功。每一天，参与者都接受鼓舞去主导自己的选择。他们有一定数量的时间点可以用来烹饪食物。只要他们坚持在每日的极限之内，一切都安好。失败一天只是增加了过程中的另一个步骤。用这种方式，他们可以在需要帮助的时候同某人保持联系。此外，他们因为集体称体重而聚在一起，互相之间分享策略和鼓励。他们互相交流，继续前进和上升……或者在他们的例子中，下降（注意此处的因素，我们已经看到相关研究证实）。

记住：带给你最大帮助的第四层次人际关系，就是那种推动你采取小小的进步，与你的愿望和精益求精的目标保持一致的人际关系。作为作者，我深刻地了解这些。事实上，要是没有这些经历，我可能都不会写第一本书，也不会写这本书，还有之间的三十几本书。我也不能享有畅销百万本书的美誉。我把99%的成功归功于我的第四层次人际关系，正是它们带来了这一切。（我只是做了他们告诉我的事情。）以下的一个例子就是他们刚开始时的做法，帮助我超越自身的极限。

我作为临床医生的第一份工作，是在加利福尼亚州的纽波特比奇市的领导能力咨询公司，就是在这里我爱上了领导力研究。与执行总裁和高成就者以及他们的机构合作几年之后，我建立了几个我常使用的个人和领导能力成长模型。它就是我的想法发挥作用的方式：当我看到领导者为自身的成长和他们的机构而提出需要解决的问题时，我热衷于建立充分体现概念结构的模型，以及证明最有效果的实施方案。它很自然地就发生了。但我的想法在那些年里太过于紊乱了，无法写成一本书。太过于不成系统。

有一天，当我在给一个机构做领导能力培训课程时，这个机构在全世界大约要开发五万名学员，这位领导者问我："这些材料有写在什么地方吗?"

"什么材料?"我问。

"你写在黑板上的模型。我们可以对它进行评估,然后用可传播的概念推广到全世界。"她说。

"呃,它就在这里……黑板上。"我有点儿不好意思地说。

"好吧,我们需要真正地把它们写下来,"她说,"我们需要一本书。"

这就是它刚开始的样子,但是还少不了大量更多的帮助。你看,我根本就没有想到要写一本书。在医院图表上写病例条,或者给朋友写生日卡片,这大概就是我的写作极限了。让我再进一步!这位客户倒不如让我去湖人队打比赛呢。此外,那时候的我,大概是你所认识的最缺少规律、计划和纪律的人了。我做过很多事情,干过很多工作,但是让我每天有规律地不停写作,然后还要做其他工作,这看起来是个疯狂的幻想,但是因为我热爱这个材料和这个梦想,我答应了。我会做的。但是,我既不知道如何做,也没有圆满完成它的能力。

所以,我开始思考如何着手。有时候我收集了一些便条和想法,但没有获得任何进展。陷入僵局。同时,机构的客户不断询问本书的情况。我知道我想说什么;那一部分很清楚。困难的部分在于做一些我从未做过的事情,把所有的材料组织起来形成一本书。我就是做不到。确切地说,我陷入了僵局。很幸运地,我的第四层次客户介入了,因为她的机构需要一本有模型的书。

所以就是如此：我的客户，对她而言我就是顾问，雇用了另一位顾问帮助我写一本书。说起来就像尾巴摇起了狗！但这对我很有意义，因为我在脑子里有了写作的思路了。我所拥有的只有内容，所以他们打开系统，带来新的信息和能量，然后我们就开始了。

我的写作顾问和我制定了固定的会面方式。我在会面之前要完成家庭作业，然后我们见面并采取下步行动，把它整合起来。几个月的课程下来，我做出了相当结构化的概括图，并且把我所有的构思、想法和说明组织起来，作为开始写作的基础。

工作日里我是全职的，没有自由写作的时间（现在仍然如此！），所以我让自己严格执行一项计划。每周五下午5:30，当我下班之后，我会回家，然后在清醒的时间里一直写作，直到周一早晨，我继续回来工作。仅有的中断可能就是周六晚上与某人外出用餐，要么是和朋友要么是约会。就是这个规矩。

我坚持如此，六个月之后，我的书完成了。在他人的力量之下，精益求精的目标完成了。本书得以完成，不仅仅是因为我的客户开始推动我完成更高的目标，而且，更重要的一点，还因为写作顾问所起的持续作用，推动我逐渐地接近写得更好、写得更多的目标。大目标和小步骤的结合，在人际关系和责任感的强化之下，让我完成目标。这种第四层次的人际关系提供了我本身所没有的东西：用具体做法和结构把我的想法转换为可衡量的方式来帮助其他人。对此，我永远心存感激。这是大家的功劳。

小记有趣的故事：我在一个公司的董事会里，他们有很多的知识产权，领导者们希望他们的创始人总裁把这些知识产权写进一本书里。他们已经为此努力了几年，但是写书这件事情并非他的专长。作为具有远见卓识的人，以人为本的那种类型，他却没有把这件事情做完。最终，董事会表态，因为他们看到这对公司非常重要。他们想完成这件事情，仅此而已。他们对他几年来毫无进展颇有怨言，并最终采取行动。

我们有一天在开董事会，然后他们说，"我们怎样才能让他把这本书写好？这个世界有什么办法能让一位从未写书的人完成这个任务？我们需要它。我们必须解决这个问题。"

我笑了。"我想我知道怎么做，"我说。我主动要求帮助他来完成写作。现在他快把这个僵持了几年的项目完成了。这就是第四层次的事情。它会传递下去。有一天，这个人也会帮助其他人写一本书。

整合起来

我喜欢把第四层次人际关系的过程和动力视为健康、营养丰富的饮食，包含我们所讨论过的关键要素：

- 支持关系
- 建立自我控制的关系

- 建立主人翁意识和责任感的关系
- 使学习和失败变得安全的关系
- 追求远大理想和目标的关系
- 指出并强化小步骤、渐进步骤的关系

此外还有另一个问题供你思考：你在余生之中如何坚持食用这种营养平衡的饮食？你多久食用一次？一天一顿吗？两天？三天？还是一年一次？让我们进入第四层次的下一原则。

第 10 章

如何内化"他人的力量"

所以现在你知道了，我在二十来岁开始写第一本书的时候完全是毫无头绪。只有借助他人的力量，我才得以向目标迈进。第四层次人际关系的所有要素都在这里：承认我有求助的需求（这部分很容易，因为我不善于写作而且毫无办法）；来自外界的支持，比如启发、鼓励、组织结构和发展过程；以及由责任感和相应后果所支撑的主人翁意识和自由，比如在截止日期前向我的客户交稿，具有助推作用和"取得进步"步骤的精进目标。我可以向你保证，假如那时候没有他人提供的力量，我根本不可能写出一本书来。绝不可能。

如今，25年过去了，我仍然利用同一位顾问来帮助我写作。当然，并非完全如此。我的意思是，也对也不对。实际上，我再也没和那位顾问合作了。然而，每当我写作的时候，我都利用了他的指导。

我努力想掌握的，就是第四层次人际关系带给我们的真正奇迹之一。它被称为内化。它就像某种超级食物，给你吃过第一口之后，让你能长久地保持健康和精力充沛。

内化

第四层次的人际关系如此强大，原因在于它们结束之后余威尚存。我们学过的课程，激励过我们的话语，永远地留在我们心里。心理学家把这个过程称为**内化**。它把外部的东西融入内部。这听起来有些神秘，确实如此。内化是渐进的过程，人际关系的模式、语气、支持和节奏都将嵌入我们思想和灵魂的内部结构之中。

内化从出生时就开始了，我们从婴儿时期就开始采用自我安抚的系统。想想一位母亲是如何抚慰哭闹的孩子——婴儿是如何迅速地从烦躁和不安转变为满足和安宁。抚慰就是"他人"的力量之一。但是，几个小时之后，这种安宁消失，婴儿需要再次被安慰。它还没有得到内化。

一开始，我们需要由守护者提供抚慰，但是随着时间的推移，在正确类型人际关系的帮助下，我们从内心培养了提供舒适和安全的能力。这就是我所谓的自我安抚的含义。曾经是外在的资源进入了内心，成为婴儿自我的一部分——内化。

这个过程贯穿了人类发展的所有阶段：持续吸收我们与其他人的交往经历，并编入我们的操作系统。在这种方式下，这些人际关系的力量成倍放大，从理念上给我们提供与大千世界互动的强大基础。首先，父母会警告说，"不，不要摸火炉！不要拉猫的尾巴。"渐渐地这种"不要"的声音开始扎根在头脑之中，直到有一天，接近路边的时候，孩子犹豫着，慢慢地停下脚步，然后转身求父母允许他到大街上玩。就像自我安抚一样，这种"不要"的声音也需要时间和练习才能得以内化。随着外部有父母不断地重复说不要，伴随着积极情绪的语气和所需要的后果，小孩子从内心生出一种全新的心理结构，一种说"不要"的肌肉，发自内心甚至自动地说"不要"的能力。

这种事情同样发生在我身上。曾经是外部的写作专业知识，扎根于我的内心，因此，即便我不再与这位顾问合作，学自他的结构知识在我的大脑中内化，我写的每一本书就都有他的帮助。每当我走到路边，即将忍不住冲入拖延症大街的时候，他的声音就会出现在我的内心，为我提供保持进度的知识结构。我把这个系统的基础和结构化过程用在此后我写过的每一本书中。

此处的发展启示在于，外部的声音，支持、限制、纠正和鼓励孩子主动掌握并控制人生的每一步，这种人际关系和互动交流，已经得到内化并随她任意驱使，足以让她在余生中应付这个世界。而现在她简直在头脑里听到了这些声音。如果你听过心理学家说的这句话，"你的头脑里有些旧录音或声音需要你好好处理。"你可能就会把它们联系起来。他们不是开玩笑，这也不是心理呓语。这是科学。以前的人际关系和经历确实活在我们心中，而且确实在继续影响我们。请参考一个研究成果，在霍尔沃森的书《成功，动机与目标》中引用过，展示了他人的力量——在这个例子中讲的是父亲。在进行数学难题的运算时，让学生父亲的名字难以觉察地在屏幕上一闪而过。内化的父亲影响了成绩，而学生甚至都没意识到这一点：

> 心理学家詹姆斯·沙（James Shah）对大学生进行访谈，以确定每位学生的父亲对学生的高成就表现的影响。他发现，在学生完成一系列困难任务之前，以

他们难以察觉的方式（不知不觉状态下）显示父亲的名字，那么把父亲和高成就目标联系在一起的同学，学习更努力而且成绩更好。而且，与父亲的关系越亲密，这种效果越明显。

但是当任务结束时，他们不知道自己特别努力过。目标的完成是通过他们对父亲的下意识想法而触发的，完全是在不知情的状态下取得的。有趣的是，下意识地思考一位所爱的人，如果对方不支持这个目标，那么也会抑制对目标的追求——如果你下意识里想象母亲摇手或者失望地叹息，那么你就不太会想喝醉或者把盘子和碗扔在水池里不管。

霍尔沃森也描述了有趣的研究结果，表明对于"叛逆"的人而言，在潜意识下提醒他一位追求成就的父亲，会触发更少的努力和更差的成绩！（当然，任何老师或老板，只要曾经使唤过蔑视权威的人，早就知道这回事。）

停下来思考一下这些发现。这就是他人对我们的表现所产生的力量，即便此人早已不在我们身边。但是他们还在：他们活在我们头脑中。父亲还在那里！（在你们思考这些的时候，有些人很庆幸，有些人则不然，并不这么想，对吧？）

别担心……好消息是这个过程一直贯穿于我们的一生。新的人际关系提供新的内化声音和教训，有时候会升级并且取代以前的一批。确实，来自第四层次关系的全新的积极声音，常常帮助我们看清，抛弃某些陈旧的消极的内化声音是多么深谋远虑。全新的第四层次声音可以得到内化并战胜陈旧的声音。无论如何，积极或消极，从过去到现在，我们的表现都受到所有这些声音的影响。如果你真的想超越现有的极限，那么最重要的任务就是进入第四层次并让正确的声音充满大脑。

你不是那么必不可少

价值数十亿美元上市公司的一位执行总裁，步入花甲之年后开始准备接班人计划。他忧心自己在迈入人生新阶段以后，如何保证公司持续繁荣昌盛，在没有他的指导下继续运转。他把忧虑告诉我："我怎么做到放手之后公司保持原样，如同我还在一样？我感觉公司的起起落落仍然全都取决于我，而且团队的表现也是如此。我想要彻底地置身事外，离开团队，而且我希望他们不要乱了节奏。"

说到点子上了！我觉得，这正是领导者、父母和起支撑作用的他人手头的任务。如何确保我们的教训、经验和价值观顺利地传承下去，而无须我们时刻操心呢？这就是内化的神奇之处。

我想起和某人的一段对话，他想知道我对于青春期的女儿很快就要约会有什么看法。他问，"所以，在她出门约会之前，你会对每个约会对象进行面试并保证男孩没问题吗？"我忍不住觉得此人真正想问的是，我是否满足他眼里"称职"父亲的标准。

我没有上当并且反问,"所以,如果那天晚上我出门在外怎么办?"

"好问题。如果你出门在外没有办法面试约会对象,你会让她出门约会吗?"他问。

我停了一会儿,然后开始扭转局面。"让我问你一个问题。你是否担心我让女儿和我不满意的人出门约会?你是否想确认,我保证不让她和对她不好的坏人出门约会?"

"正是如此,"他说,"我想知道你会保护她。"

"那么我的回答是:绝对如此!我会亲自面试每一个约会的对象,并且保证他们都是可以约会的好人。就算我出门在外也是如此。"

"什么?等等。你是怎么做到的?"

我的朋友看上去很疑惑,所以我解释道:"只要我用这种关系和女儿相处,我的价值观就会强烈地内化在她的头脑中。通过她自己思考每个人是否适合交往,然后得出评价,但愿她的想法能够包含我的想法。我想要她听到我在她头脑中发问的声音,'所以他真的很好吗?或者他是一个不负责任的自私小孩,对你没有好处呢?'"

我继续解释为什么没有必要在她每次约会之前亲自出现。我说,我是爱护她希望她一切都好的父亲,对我的女儿而言,把父亲的价值观内化起来,这非常重要。我说,她需要把这些价值观变成她自己的认识,因为如果这些保护她远离坏人的价值观深入她的头脑中，那么即使她离开家，远离我的看顾，也能一直保护她。

"在你的体系中，"我说，"我的保护止于门口，在她们出门之后就不存在了。在我的体系中，它将持续到毕业舞会以及以后。我想要信任她，而不是控制她。而且，如果我正巧在家，我会躺在前廊的摇椅上，穿起我的工作服，挎上猎枪，然后见见这个男孩了解他的情况。"这也是内化过程的一部分……把自己伪装起来，穿上华夫饼店的短袖圆领衫，见见这个男孩！

曾经是外部的东西融入了内心。当有人在约会时或在派对上为她提供毒品或性爱时，我想让他直接到我面前来听一声"滚蛋！"即使我并不在场。她会告诉他的。

回到我和那位即将退休的执行总裁的对话。我同意他，至少是部分同意，对于公司而言，延续相同的价值观很重要，而且我提供的方案让他自由地放手了。我提醒他，在这公司的前几十年里，他的员工日复一日地与他共事。他们有机会观察他是如何思考的，理解他所重视的东西，并且每天跟着他调整和学习。他的价值观和梦想都已经被员工内化了，慢慢地形成一种文化，即使他离开之后仍然存在。我告诉他，我们的工作就是主动地保证使公司如此伟大的"基因"——很多都是他的声音和价值观——能够在每个层级上传承给新来的员工。

我们共同关注内化过程。他需要对此采取有战略性的主动。我们应该发展一种结构纲领，保证公司的文化基因贯彻于全公司上下，即使他不再从公司的大厅走过，每一场会议中也要有它的存在。而且，正如我们可以通过他的团队来达成这个目标，它们也应该得到继承和发展。

我们的任务是找出公司还有哪些部分仍然需要他出面解决，尤其是在公司的不同层级之间的问题，并加快内化的过程以消除依赖性。对于与我合作的高级执行总裁，尤其是那些对特定的事情无法放手的人，我最重要的工作就是把他们所知道的内容转化为一个过程，一个可重复的公式或者系统，让他们教会别人如何使用。当人们得知如何把自己头脑中的东西搬出来放入别人的头脑之后，他们总是惊讶于自己真正能够放手的事情居然有这么多。他们发现自己并非如他们所认为的那么必不可少，而且他们也可以解放出来，去接受发展和壮大公司所需要的其他挑战目标。

换个频道

年轻时，我们不必选择置身于何种人际关系之中，也不必选择哪些声音在头脑中循环播放。但是，随着我们的成长并且意识到自己可能遇到极限以后，我们就有机会选择想要拥有的人际关系，以及想要内化的声音种类，以便于百尺竿头，更进一步。幸运的是，神经科学研究表明，我们可以重新构造我们的大脑——毫不夸张。只因为你有弱化自己的声音，并不代表你无法获取新的声音。你的大脑软件随时可以提供下载和上传，但是正如你的手机一样，它必须接上一个良好的网络，拥有无限的数据而且没有病毒。

我经常抱怨一件事情，就是在过去几十年里，许多（并非所有）流行的甚至是专业的心理学方法和技术都完全抛弃了内化的概念，尽管它是所有成长的基础。思考以下流行的表达方式：

- 改变你的思想，改变你的人生！
- 除非先爱自己，否则无法爱上别人！
- 找到"内心的力量"。
- 用积极的"自我交流"战胜恐惧。
- 积极思考：成功的关键。
- 你拥有力量！

这就有问题了。这些标语都没有意识到"R词"的力量：人际关系（Relationships）。然而所有的研究都支持这个观点，大R是成为大G的关键：成长（Growth）。不要误解我。这些思想里头都具有真理之处。比如说，我们知道内部有害的信息，如"自言自语，"可以成为真实的痛苦来源，并且会限制人在生活中每一个领域的表现，因而它必须替换成积极的自我交流。而且我们的确拥有个人的力量，即此前讨论过的能动作用和自我效能感。但这些方法的局限在于，它们的前提假设是我们就是能够做这些事情。好像我们每一个人都能独立地进步，好像它全部要归结为我们自己的思考和选择，好像我们就是能够做到，即使我们此前从未做到。好像！最让我生气的标语是这条,"除非先爱自己,否则无法爱上别人。"当你的汽车耗尽燃料的时候,你必须去加油站。你不能只靠和自己交流就能加满汽油。

这又回到了成长停滞的状态,我在第1章节就讨论过。即使我们的生理需求得到了照顾,我们仍然无法培养出爱他人和建立良好关系的能力,除非我们被他人关心过,爱过。这里又出现了"他人"。如果你从未有过这种关爱和调节的人际关系,因而没有内化这些能力,那么你也不会好好地爱他人。内心空洞的人不能非常无私地爱他人。他们根据毫无把握的空虚感和需求来行事。你已经见识过,从未感受过温暖、奉献的人际关系而走进婚姻的人所发生的事情,而婚姻是需要这些技巧的。这行不通,而且只让他们"先爱自己"也行不通。

没有将爱内化的人,通常以不成熟的、自我安慰的方式在人际关系中寻求出路和发挥作用。然后,只要人际关系以某种方式令其不满意,而他们又缺乏内在的关系机能或内在能力去解决这种不满意,那么这种人际关系就会崩溃。在这个时候,在他们努力让人际关系发挥作用的时候,对他们说"只要爱自己"不仅仅毫无帮助;它完全就是错误的信息。相反,他们必须找到支持他们、爱他们的他人,教会他们如何去爱别人,指导他们,就如良好的家庭教养所做的那样。他人要给他们一些东西,如此他们才有东西去付出。爱并非从自己开始。爱是始于接收爱、内化爱,然后散发给其他人——向前传递。

那么在这里听我说。我要说建立深厚关系的能力首先来源于我们自身的外部；然后我们从神经学、生物学、心理学以及其他方面，通过良好的连接、建模及类似的过程，将其内化。当一个外部的抚慰系统得以内化之后，我们就学会了安慰和调控自己的情绪。当有人推动我们突破已知的极限后，我们就学会了挑战自己，然后学会了为自己而战。通过让别人观察我们并让我们观察自己，我们学会以不同角度思考，并思考我们的思维方式。结构、模式以及完成这一切的机能的其他组成部分，在很大程度上首先是从外部内化而来的。

这就是最好的训练和绩效开发的精髓。所谓的自我提升（self-improvement）——取得进步的过程——其实是关系的事业，而不是"自我"的事业。这个有趣的派生词正好用在此处，它是由契克森米哈赖提出的，关系到竞争对提高绩效的作用。当个体在竞技场中寻求成长和自我提升时，推动他们的并非胜利本身，而是竞争环境下出现的他人。竞争（compete）这个词语来自后期拉丁语动词，"一起追逐"（competere）。正是由于"一起"这个层面才能推动我们。我很喜欢这一点！如他在《当下的幸福：我们并非不快乐》中所述：

> 每个人都在寻求实现自身的潜能，当他人迫使我们全力以赴的时候［重点强调］，这个任务就变得更加容易。当然，只有当注意力主要集中在活动本身的时候，竞争才会提升经验。如果外在的目标——比如击倒对手，想要取悦一位观众，或者获取一份大的职业

合约——是本人所关心的，那么竞争就很有可能分散注意力，而不是使人关注所发生事情本身的动力。

他人的力量，这是多么了不起的观点啊——**竞争**，一起追逐以达到目标。我们需要他人，不是为了打败他们，或者向自己或别人证明自己很好，只是简单地因为他人为我们的最高意义提供竞争本身固有的价值。竞争以他人为背景，寻求你真正、真实且本质的最佳状态。它可以是一位教练或者隔壁赛道的游泳选手，这种关系的推力是迈克尔·菲尔普斯抵达更高境界所必不可少的。他人是获得更好状态的关键。

所以我们处在何种状态？好吧，在上一章节我们已经看到，我们需要其他人推动我们，并让我们在任何掌握或学习的过程中，以小步伐逐渐进步。我们已经看到，这些步伐必须得到内化，并成为自身的一部分。现在，既然我们上一章节是以问题结尾的，"你在余生之中如何坚持食用这种营养平衡（第四层次）的饮食？"现在我们来看答案。

结构

如果你去读大学或研究生院，第一次看到独立学习的课程选择时，你可能会大吃一惊。当你询问指导老师这些都是什么的时候，你会被告知，如果你靠自己的力量学习，并且请教授监督你的学业，那么你就可以拿到学分。你可以与他或她合作选题、定方向、立目标、安排进度和提要求，然后你将可以独立完成它。

"真的吗？"你问。"没有课堂？没有教学大纲？没有考试？"

"不错。你全要靠自己。从现在开始，你要能安排好自己的时间，并保证完成所有任务。它给你自由去选择自己想学的内容，而且更多是以你自己的方式。"

多么好的事，你这样想。我同意了！想睡就睡，还能拿到学分。为什么不是所有学校都这样？

好吧，对此有个很好的答案。如果所有的学校都像这样，你就无法学会阅读或者做许多其他事情。你就没有前十几年知识结构带给你的优势，还有大部分的其他大学课程，是它们形成了你独立学习的能力。换言之，只有当你培养了自我学习的能力之后，独立学习才变成可能，而这种能力是你在所有其他年级和课程中获得的知识结构得到内化后形成的。外部知识结构训练我们，得到内化，然后如果结合人际关系和内化经历就会变成内部结构。这就和简单的关禁闭产生了区别。禁闭也是一种结构，但如果不结合我们在全书中所讨论的处理过程，就不会形成太多能力。它只是外部的限制。

有时候结构（structure）一词名声很差，但这个词的真正源头是拉丁语（struere），"去建造"。根据韦氏词典，它的定义是"建造的行为"，或者"以特定的组织模式安排整理而成的事物"。作为动词，该词语的含义是"根据计划去建造或者安排，使形成模式或体系"。

哇。这不就是我们讨论的东西吗——既包括做什么，也包括怎么做？提升表现就是如此。无论你是想游得更快一些还是想成为更好的领导者，你都需要形成以特定的组织模式进行安排整理的能力。在此还要记住西格尔的研究：思想，在人际关系下形成，是一种组织、调控的机能片段。思想也是一种内部结构，来源于由人际关系提供的外部结构。

而为了构成（建立）一种思想或其他表现能力，你需要做好计划。学习不会随意地发生；它需要在坚实的基础上好好地建构。当你重构一个建筑物时，你要先搭起脚手架，直到新的框架和墙壁强度足以支持楼层板。当你烘焙蛋糕的时候，你要把面粉糊倒入蛋糕模内完成定形。无论建造什么，你都必须增加外部的支撑以帮助形成内部结构。就像婴儿慢慢地形成自我抚慰的内部结构一样，蛋糕通过一系列内部化学反应之后，一旦发酵并形成蛋糕模的形状就会最终保持不变。进步就是通过外部的塑造和成型过程而产生，直到这种能力独立于结构源头而存在。然后你就可以撤掉脚手架。或者撤掉蛋糕模，或者甚至撤掉教室和作业。

因此，无论何时，当你开始追求超越极限的目标时，你需要考虑几个因素：

1. 我们努力想培养的能力是什么？
2. 我们需要的原料是什么？
3. 我们要用什么方式来形成新的结构？

如果我们试图提高一位执行总裁的关系技能——比如，倾听的能力，清楚交流的能力或指导他人的能力——我会与客户共同合作，确认哪些信息需要用在哪些人际关系类型之中，以及哪些类型的经历会带来所渴望的品质。这些就是我们需要构建的过程的组成部分。然后还必须制订计划来达成目标。我们必须考虑它要花费多长时间，如何衡量进展，以及需要多少次经历才能达到关键的里程碑。

通过研究和经验，我们知道它需要多次经历，一系列认真的交流互动，在恰当的时机以正确的数量传递过来，才能把内化过程固定下来。迈克尔·菲尔普斯如果一年只和教练合作几次，是无法成为金牌获得者的，同样地，如果你没有对第四层次人际关系投入时间和资源，你也无法超越自身的极限。而且恰当的剂量也很重要，就是说每次不能太少也不能太多。菲尔普斯没有一天只游一圈，也没有一天游五千圈。恰当的数量才能形成这种能力。

在我与客户合作的过程中，我喜欢使用一个术语，我称之为成长-结构指数。它是恰当剂量的同义词，也就是失效的数值再加1。比如说，如果我决定每两周与写作指导老师见面一次，但我不能很好地完成家庭作业，我就会给这个公式添加一次见面或交流。以前每两周见面一次，现在换成每周见面一次。如果这样仍然不起作用，我们就需要更频繁地见面。见面次数需要频繁到可以帮助形成积极的模式，但又不能太频繁以至于新的内部结构墙壁没有足够的时间来固化。我必须选择适中的见面频率来达成目标。

我有一位曾经重度酗酒的朋友,事业失败三次,有过几段婚姻。我遇到他的时候,他已经戒酒 20 年了。他在许多团体的启动康复运动中发挥重要作用。听说过他的饮酒传奇之后,我有一天问他,"那么,你是怎么戒酒的?"

"哦,这不难,"他说,"我每天参加三次嗜酒者互诫会。"

"每天?"我问。

"对。我曾经的目标是做到早会之后午会之前,不在贩酒商店前停留。然后做到午会之后晚会之前,不在贩酒商店前停留。很长一段时间我都在坚持这样做。然后我就好了很多,开始一天参加一次嗜酒者互诫会,坚持了一段时间。现在,20 年之后,我一周参加一两次嗜酒者互诫会。"

这就是我们所讨论的内容。他添加了外部结构,以他所需要的剂量,然后随着时间推移而得以内化。如果他没能坚持到午会之前,他就会在十点钟增加一次额外会议。即"失效的数值再加 1"这个指数。

一个人需要的数值是多少呢?当我和执行总裁、高管们合作时,这个数值是经常变化的,但有一条原则我很少违背:必须存在某种结构。这并不意味着它不能改变,或者说是不可变的,但是,如果我们没有安排定期的会议,通常就会有问题发生。没有这些,所谓的紧急情况就很容易使其妥协。只要对这项工作有下意识的抗拒,或者这项工作会带来挑战,那会议就很容易被推迟。一起开会的时间必须用于有质量的工作,而不仅仅是走过场和核对任务清单。我所说的也包括时间的质量，而不仅仅是占用的小时数目。

我在个人生活中已经看到这种恪守时间安排的承诺是多么重要。我和每一个女儿都参加了亲子学前班。从每周三早晨 9 点到 11 点。我很兴奋。还有什么比每周有固定时间和她们在一起更好的：只有我女儿和我以及其他亲子伴侣，大多数是母亲们。我称之为妈咪团。

第一周真酷：半小时的自由游戏，接下来半小时游乐场活动，接下来半小时围成一圈合唱儿歌，然后半小时孩子们吃点心，妈妈们和我讨论育儿问题。如何让他们整晚待在床上？如厕训练。纪律。电视的使用。如何开除保姆。（这真是一件令人痛苦的事情。妈妈决定让丈夫来开除保姆，但是之后他退缩了，并且雇用了其他人来做这件事情。真是叹为观止。）无论怎样，全年参与会让我精疲力竭。

下一周，我在办公室，准备下班去接奥利维亚，突然电话响起。是我手头上的一个业务，情况有些紧急。我看着钟表，然后心里想着，这件事情太重要了。奥利维亚不会知道的。她不会错过学前班活动的。这一次我就先好好处理这件事情，然后下周我们再接着上。所以我安心处理业务，不再担心此事。

下一周，大约 8 点 30 分，另一件事情发生了。我接起电话，很快就又发现，这件事情很重要，需要我用大量时间来处理。我默认了上周使用过的基本原理。我们会在下周再去。但是，它就像一把大锤狠狠地击中了我。最后一分钟总会出现某些重要的事情。我认识到必须保护和奥利维亚共处的时间，以便建立我想和她拥有的关系。

我认识到我必须告诉此人，此刻我不能继续通电话，我们得另找时间来解决这件事情。老实说，13年后，我都不太记得这件事情结果如何（可能还好），但我确实知道：我珍视一起上亲子学前班的美妙回忆——还有一年半以后和她的妹妹露西的亲子学前班。这种共同经历为我们之间的关系打下了基础，我永远都会珍惜。

如果你打算在头脑中、在事业上或者在人际关系里发展一些新的东西，你的内部结构中已有的模式会继续占主导地位，直到有新的东西长出来。而在时间、空间和特定活动中形成新东西的外部结构，是带给你新东西的唯一事物。

在这个例子中，剂量对我俩都是刚好合适。在这种结构化课堂的基础上，我们以适当的次数一起完成足量的其他活动。在这种频率下，经历得以成长。期望开始设立起来。我们知道如何完成它，而且每周的关系变得更加深厚。连贯性是关键。

如果你的第四层次经历和活动能很好地形成结构，它们就会在你体内建立新的结构模式和能力，这些光靠你自己是永远无法建成的。所以，仔细审视此刻你和你的各方利益相关者、包括你自己想建立的任何东西。合适的剂量是多少？合适的次数是多少？频率如何？每一剂量下必须产生什么？当你运用结构指数时，你就会知道，当有些事情没有作用或者不能生效的时候，再多添加"一个"就会起作用。然后你就知道正确的剂量是多少了。如果还没奏效，那就是你用错了药物（活动），到时候你就知道了。除非你给出合适的量，否则没有办法知道这些事情是否有用。但要记住，当出现时间数量问题的时候，它不仅仅是时间的问题。它是在指定的时间里做正确的事情的问题。这是时间质量里的质量真正起作用的时候。在结构化模式中投入合适的信息，合适类型的人际关系，以及合适的经历，每一剂量都达到足够的分量。如果你做到了，结果可能会令你喜出望外。

第 11 章

人际关系的"百慕大三角"

像其他任何一个动力系统一样，第四层次人际关系需要培养和保护。正如你的身体拥有两个系统来保持健康状态——一个系统致力于吸收和加工营养物质，另一个系统致力于保护你免遭感染和毒素入侵——坚韧的第四层次关系也是如此。迄今为止，我已经讨论过这份营养均衡的第四层次"饮食"的组成部分。在这一章节，我希望你们把注意力放在譬如细菌、病毒和抗原一类的东西，也就是可以给你的人际关系健康带来风险的东西。你和你的第四层次伙伴们必须通过培养免疫力来击退敌对分子，但首先你必须能够找出它们，然后用武装力量包围它们。让我们看看这些"疾病"之中最有害的一类，可以折磨第四层次人际关系的：三角关系。

百慕大三角

当我还是小孩子的时候，我对百慕大三角深深地着迷。传说中，飞机和轮船很容易在那里消失。当沟通陷入自身的黑暗三角时，第四层次的人际关系就有承担类似后果的风险。我说的是这种情况，A 本来应该和 B 说话，但却和 C 说起关于 B 的事情。很明显，如果 A 根本没有和 B 交流，那么 A 就不可能把与 B 之间的事情解决掉，但这只是问题的开始，而这种间接（又称被动攻击）类型的缺乏沟通，我喜欢称之为三角关系。这种纠葛带来的破坏性远非普通的麻烦可比。以下就是原因。

三角关系建立了受害者—施害者—拯救者（VPR）三种角

色，我把它称为人际关系的"百慕大三角"。它是这样运作的。我是A，你是B，另外有个人是C。比如说我很烦你，或者我不同意你，或者我不喜欢你最近对待我的方式。我感觉自己像是你对我做的某件事情的受害者，而你就成了施害者。接下来，我没有直接向你说出令我烦恼的事情，而是把受伤的情感向颇有同情心的第三人吐露，使其成为我的"拯救者"。我抱怨你所做的事情、所说的话如何刻薄、不公、恶毒或伤人。我向拯救者倾诉，并非寻求对我们之间的冲突的合理反馈，也不是寻求如何解决问题。那样或许还是一种积极的动力，但是相反，我向拯救者倾诉只是为了确认我是对的而你是错的。我希望C支持我的立场。这让我倍感安慰，可以释放痛苦，并且帮助我逃避直接与你对话。

与值得信赖的他人对话往往很有帮助，但是在VPR场景下，我并非通过与第三方C的交流而寻求真相或成长。我不过是寻求此人拯救我脱离这个刻薄的人（你）和刻薄的评论，或者至少确认我的看法比你的高明。我是在寻求安慰。我在寻求第三方同意我的看法，向他抱怨，并且安慰自己，我有情绪是正当的。我希望C认真听我说，"他居然这样对我？他有什么权利跟我说这些，这样指责我？"我希望C认同我的伤痛，与我一起愤慨B(你)的所作所为。我在拉拢此人站在我的立场来反对你。我在寻求认同，而不是解决问题或成长。我希望我的拯救者说，"哇！你是对的！他（你）真是个混蛋！"

你是否在领导团队里见过这样的事情？比如说有一场会议，

议题经过了讨论，意见也得到了分享，反馈也给出了。听起来似乎大家都很赞成，对不对？然后会议中止，再然后你知道发生了什么吗？一两个人聚在走廊里，继续开通常所说的"会议之后的会议"。在这里，他们会把一切不敢在会议上直接对某人说的事情都说出来。没有其他人听到的时候，他们毫无顾忌地说废话，并且拉拢其他人站队。他们在走廊里什么都说，却不愿意把问题拿到房间里和大家共享——当然更不会向他们认为首先要对此负责的人去讲。相反，他们对其他人说，"没想到他真的相信了！"

这种精神或方法是无法培养出第四层次人际关系的。这也不是想要战胜现有极限的人应该采取的沟通策略。

如果我生你的气，或者被你伤害，或者和你有不同意见，我（以及你）确实需要直接交谈来解决问题。这是我们之间取得某种解决方案的唯一方式。如果缺少这种意见交换，不好的感觉就会恶化并传播感染——毒害的不仅仅是这种人际关系，还有所有相关他人的情绪和积极关系。

原因在于，三角关系现在也制造出 B 和 C 之间的不和，**而他们甚至没有起过冲突！**现在 C 对所发生的事情产生了片面的理解。谁知道 B 真正做过什么！C 听到的只是一面之词，却把错误全部归结给 B。即使 A 的抱怨可能是正当合理的，但 C 在没有听到另一面的说法下是无法知道这些的。

也许 B 真的错了或者伤害了别人，但是，因为 A 没有对他说，他可能根本不知道自己如何惹恼了 A，所以他没有机会弥补这种伤害或者改变他的行为。此外，因为 A 故意忽略了直接的过程，所以他现在根本不存在任何倾向或动力，去审视**自身**在冲突中扮演的角色，或者反问自己可能也犯错了，或者可以做得更好。C 通过赞同的方式"拯救"了他，使他不用面对这种可能性。A 描述的事实版本令自身倍感安慰。在拯救者的帮助下，A 完全成为无辜的受害者，因此 A 没有审视内心的动力。从此他的立场比以前更加坚定，因为 A 与 C 的交流也让他对 B 产生居高临下的道德优越感。

明白我的意思了吗？这种事情破坏力极大。不和睦是团队、公司、家庭、婚姻、友谊以及任何其他人际关系系统中最具破坏力的力量之一。它不仅仅阻碍解决方案、成长和进步的产生，通过使人互相攻击以及在团队、家庭或组织中制造更深的分裂，还会令问题更加恶化。

董事会、团队、公司、伴侣、朋友圈、大家庭以及其他关系系统就是这样互相疏离的，而且常常产生裂痕或永久分裂。受害者和拯救者，由于自我道德感优越，决定离开去成立其他公司、教会或组织。在婚姻关系中感觉受害的一方，会在办公室、健身房或酒吧找到愿意倾听的拯救者。他或她突然感觉到被人倾听、被人理解，得到一个新人的肯定，而这只会导致更大的冲突和分裂。这种事一直在发生。

令人意想不到的是，通常受害者和新拯救者之间的关系在不久之后也会变坏，一旦其中一人感到被另一人伤害了，就会再找另一位拯救者。他们有一种固定模式。因为两者都没有培养任何解决冲突的能力，所以他们就从一段关系跳入另一段关系，从一份工作换到另一份工作，从一位合作伙伴换到另一位合作伙伴，从一个教会跳到另一个教会，从一个团体跳到另一个团体，如此等等。用一个简单的模式，三角关系，他们就成功地让问题无法解决，让人们互相反目，阻碍个人成长和改变，分裂组织，然后以同样的模式来感染其他环境。如同任何未经抑制的癌细胞，它会传染并破坏越来越多的细胞。利用拯救者来证实自己的人们，很少反省自身并做出改变。结果，他们不断地重复着相同的模式，破坏人际关系、团队和组织。

作为有信仰的人，我常常想起新约圣经（提多书 3:10—11）中相当严厉的一段文章。很长一段时间里，我不明白它真正的含义。从表面判断，它听上去非常刺耳。它对教会团体这样说，"如果有人在你们之中制造分裂，提出第一次和第二次警告。从此以后，不要再理会他们。因为这样的人已经偏离了正道，而他们自身的罪会加罚于他们。"

听起来非常极端，对不对？我就是这样认为的，直到我成为领导能力咨询顾问，与团队和组织合作几十年之后。我学到一些东西：分裂的人所造成的伤害，比他们带来的任何好处都多。如果他们是真正的分裂者，他们就必须离开。并非因为问题无法弥补——只要人们愿意努力，认真地审视自身及其所起的作用，任何问题差不多都可以解决。真正的问题在于，习惯于分裂的人，不愿意认真地审视自身并努力解决问题。相反，他们宁愿人们与他一起站队、支持他，而不是营造团结统一和寻找解决方案。我算不清有多少次被召集介入这种丑陋、失调的局面，最终都是在老板要求麻烦制造者离开之后才解决了问题。以前互相反对的人们，发现其实大家是互相欣赏的。我看到有人转向另一人，并说，"等一下，为什么我要讨厌你？你是一个很好的人！"我可以告诉他们为什么会这样：分裂者制造问题并且激发冲突。

我所知最好的组织文化之一，就是戴夫·拉姆齐（Dave Ramsey）公司的拉姆齐解决方案，我曾有幸多次参与其中的一些大事件。你可能通过戴夫·拉姆齐秀（*The Dave Ramsey Show*）了解过他们，那是北美第三大广播脱口秀节目。戴夫和他的团队能够创造成功与繁荣的文化可能有多种原因，但其中有一条正面挑战了三角关系问题。公司有一条"无流言蜚语原则。"如果有人在背后说某人的闲话，而不是直接与对方交流以解决问题，那么这位传播流言者会受到警告，警告无效后将被开除。这是一条非常直接、清楚和有效的原则。最酷的是，这是一种能够健康辩论、高效反馈和有品质的人际关系文化。在这种原则下，人们可以更好地表达自己的思想；如果他们想保住工作就必须如此。谁不想成为这种第四层次文化中的一部分呢？

解决之道

三角关系的解决方案就是不让它继续发生，但不仅仅是告诉人们停止这种行为。空气中永远有细菌；我们总有在 C 面前谈论 B 的时候，即使我们并无恶意。总有些讨论是发生在当事人不在场的时候。它们有时候是必需的，但有些会转变成传染性的，而这时候就需要免疫系统进行干预。为了停止传染，需要采取一些重要的步骤。

第一，指出问题所在。和可能已受影响的人们讨论三角关系的毒害性，以此开始。有时候人们的意图并非恶毒，但他们发现在此前的人际关系中，直接和某人对话并不奏效。现在他们出于某种原因而害怕它。有时候 A 和 C 想要互相讨论 B，因为在他们以前待过的地方，直接讨论可能会很危险。

所以，告诉他们，你已经注意到有时候的确存在会议之后的会议。有时候这是可以的，如果所做的事情具有建设性。甚至和 C 讨论 B 也可以具有建设性，只要你这样做是出于良好的动机，比如澄清你的想法或者询问如何和 B 打交道。有时候 C 可以帮助你深入了解，或者抚慰你的伤痛，如此你可以更好地处理它。如果它是在努力治愈或寻求解决方案的精神指导下完成的，这就不是流言蜚语，也不是分裂行为。它完全取决于动机和效果。如果交流是为了让事情变得更好，那通常就是好事。

问题在于，通常这种侧面交流并不是为了解决问题，而是想要避免直接与某人对话。你觉得在侧面层次非常舒适，你不再认为有努力一搏的需要，即使这是你应该做的。这让真正与你起冲突的人听不到他们需要听的内容。或者，它会让团队或家庭里其余的人无法帮忙解决问题，或者让 C 转而反对 B 并且挡住前进一步的机会。所以，确保所有相关人等知道为什么这种行为是传染源，必须消灭。

第二，互相之间订立规则或契约，以促进从人际关系中消除三角关系。自己不要主动去做，别人邀请你当拯救者时也不要参与其中。大家一致同意，谈论某人时，如果没有对某人直接说过同样的话，则决不向其他人说起。如果你确实和某人有问题，直接告诉他或她。同时你也不会听某人抱怨其他人，除非你可以用某种方式带来帮助，或者鼓励他们直接找此人解决问题。

第三，以下才是实战的部分（橡胶轮胎接触地面的部分）。你和关系中的其他所有人都应达成共识，如果有人确实开始向你传播关于某人的流言蜚语，你应该谢绝加入其中。承诺先问A，"你和B谈论过此事吗？"要是谈论过，问问发生了什么事情，而且，如果你选择继续倾听，就要帮助A彻底研究这个问题并形成解决方案。不要只有倾听，让某人把负担卸给你并获得同情。使用以下对话方式，推动问题向健康的方向发展。告诉A，"我觉得当B不在场的时候讨论他有些不合适。我不喜欢在别人背后说人。"（只要这样说很安全！）

我有时候也喜欢这样建议："为什么不让我们一起去和他说说这件事情呢？我会帮助你俩把这件事情搞清楚。我觉得这样更容易解决问题，而不仅仅是在他背后讨论。"我喜欢团队成员承诺将信息扩展到全体成员。这常常只需要一句话而已。"让我们保证，在全体成员面前把这个问题提出来"或者"让我们保证，每个人都在房间里。"

当直接对话很难，甚至很危险或者有害时，搞清楚某人需要做些什么。是该去找人力资源呢？还是去找上级领导？还是要找执行总裁？我很喜欢吉姆·布兰查德在西诺乌斯公司举的一个例子，他告诉全体员工，如果和老板有问题无法解决，可以直接找他。

在真正一对一的问题上，只要有可能，永远记住首先尝试直接沟通，A和B直接沟通。若没有正当理由，不要去找C。如果你们解决不了，找一个值得信赖的C帮助你们，但不要找一个挑拨离间的C。我认识有些人经常引用爱丽丝·罗斯福·朗沃斯（Alice Roosevelt Longworth）的话："如果你说不出某人的好话，就坐到我身边来。"她这样说只是开玩笑，但有些人是真的喜欢这样。他们热爱挑拨离间，他们热爱流言蜚语。

第四，好好地接收反馈。如果规范自己的行为，公开表明你乐于接受反馈，愿意倾听别人的意见，你就可以从源头上杜绝三角关系的产生。很多情况下，如果B是一个容易交流的人，那么三角关系问题就不会存在。如果B易于给出反馈，欢迎不同的意见，而且不防备，不倾向于责备他人，也不是无法接受反馈，那么直接面对B就更容易了。我们不仅要成为直接反馈和交流的发起者，我们还要成为好的接收者。我喜欢让团队成员互相帮忙，理解他们想要怎样的反馈方式，以及学会如何优雅地接收反馈。尽管我们提到肯·布兰查德（Ken Blanchard）说过，"反馈是冠军的早餐，"我们仍然需要对它如饥似渴，好好地吸收。如果人们知道可以直接和我们交谈，他们就不太需要和其他人谈论有关我们的事情。

第五，培养技能——自身的技能和团队的技能。我们多次要求人们做些别人从未教导过的事情。我们要求他们直接交流，但他们可能缺乏正面交锋所必需的倾听技巧、对抗与冲突技巧、谈判或交流技巧。部分的领导能力或任何第四层次的人际关系，都在帮助其他人成长并将他们送达要去的地方。还记得我们之前讨论过的，做推动彼此进步的动力吗？百尺竿头，更进一步；用必要的技能武装自己和他人，以成为能够直接讨论问题的人。自己去参加学习班吧。

如果你觉得自己陷入了三角关系之中，问问自己在扮演什么角色。如果你是正在向拯救者倾诉的受害者，停下来，然后说，"你知道的，谢谢你的倾听，但是我真的应该直接和B去说。"如果你是C，拯救者，告诉A直接和施害者B交流，或者问问你能否安排两者见面，帮助他们解决问题。如果你是B，被讨论的那一方，去找A，传播流言的人，然后说，"我听说你对我有些不同意见。有什么需要我帮忙的吗？"

最后一点，做个明智的人。谈论别人不是件坏事。人们需要也热衷于互相谈论。"你的妹妹最近如何？你的团队怎么样了？"他人频繁成为我们的讨论主题，甚至在工作中，我们必须谈论彼此以及合作的事业，还有彼此之间存在的问题。这很正常，也很好。但是，你必须在事情没有导致分裂之前有所警觉。正如美国最高法院大法官波特·斯图尔特（Potter Stewart）曾经围绕非法色情的模糊定义写过一句著名的话,"我一看到它就知道了。"三角关系同样如此。你要警觉当对话具有破坏性且又会导致不睦的时候。你要警觉当有人搞小集体分裂团队并阻挠问题解决的时候。不要让它发生。作为领导者,记住是你在管理你的文化。

因此,让我们彼此坦诚相对吧。要做到这一点,我们需要第四层次人际关系中的另一个要素:信任。让我们看看培养信任需要什么。

第 12 章

信任的五大要素

我们已经仔细研究了成为高成就者的必要条件。第一，我们已经确定，无论我们承认与否，他人对一个人的生活有影响力，可以极大地影响一个人的表现。第二，这种影响力的作用可以是积极的，也可以是消极的。第三，若不敢开心扉接受他人带来的积极力量，我们就无法进入下一阶段。我们必须具有"开放的系统"。第四，为了敢开心扉接受力量，我们必须承认自身的脆弱，并愿意接纳自身的需求。第五，第四层次人类关系提供了特定的组成部分——支持，自我控制，责任感和主人翁意识，对失败的务实积极态度，精益求精和推动作用，步骤，结构和过程。

当然，并非所有的高成就者都千篇一律。当我与他们合作的时候，我会根据需求运用多种不同的工具和方法。有时候，领导者需要个别指导，或者需要一位参谋来帮忙对一项挑战深思熟虑。另一些时候，一个团队需要关注某些特定的成长或发展领域，或者他们需要聚在一起结束某种失调的模式。尽管我开发了许多程序、模型和范例，我却从不认为自己是那种一招鲜吃遍天的人。我宁愿先了解人们，然后设计出适合他们特定需求的计划。这种方法是根据旧约圣经·箴言篇18:13作者所表达的坚定信念——"未听完就回答的人，既愚蠢又可耻。"

请纵容我自相矛盾一回。虽然我不相信一招鲜吃遍天，但确实有一些通用的概念和原则，适用于每个个体或团队的表现难题。信任就是其中的一个概念，尤其是在利用他人的力量时。在任何人身上投资，信任都是最重要的。

信任很重要，这一点毋庸置疑。然而，它何时出现，到底是由什么构成的，以及保持信任的必要条件是什么，并非总是那么清楚。虽然我发现每个人都重视信任，当信任缺失的时候每个人都感觉得到，但很多时候我们并不清楚它是由什么构成的。我们不知道如何赢得信任。要做到这一点，需要我们知道构成信任的要素是什么。所以，让我们深入观察一下，仔细剖析信任。

信任可以被定义为一种自信的期望。依此类推，当我们有信心看到正收益的时候，我们会在股票市场进行投资，人际关系中的信任也是如此。在我们有信心认为这样做会有好结果的时候，我们会投资自身，我们的时间，我们的精力，我们的资源，我们的才华，等等。信任为投资提供各种支持——如金钱、时间、精力和自我。

你应该信任谁？根据研究和经验，我开始相信，当你准备做出这种投资决定的时候，要寻求五种关键要素。

1. 理解
2. 意图或动机
3. 能力
4. 性格
5. "业绩"记录

理解

我们信任这样的人，我们知道他们能理解我们，理解我们的背景，理解我们的处境，理解我们的需求，知道什么对我们有用，以及什么会令我们崩溃。如同需要对团队面临的问题以及团队的成功需要每位成员贡献何种力量达成共识一样，成就最高的团队彼此之间深刻地理解每位团队成员的个人需求。类似地，成就最高的公司，会让客户觉得公司真的理解他们的需求并能加以满足。最好的销售人员善于倾听客户，并试图真正理解客户的背景。当客户觉得"他懂我"时，就表明他愿意接受并投资。

从另一方面来看，如果人们觉得我们不理解他们，他们的整个系统就会开始封闭，而投资也不会来临。我很喜欢研究客户服务人员与他们的客户之间在真正重要时刻下的交互作用，比如乘客由于行程出现麻烦而受挫时，航空公司员工与乘客之间会发生什么，或者在商场、酒店或医院遇到麻烦时的交互作用。当你寻找这种动力源头时，你会很容易看到积极和理解的关系所带来的不同之处。

有一天，我去了机场的一家饭店，坐在柜台前花了大约15分钟等待服务。我试图引起某位服务员的注意，却没有成功。最终我看看表，意识到我没有足够的时间等来食物同时还能赶上飞机，所以我起身离开。在那个时候，柜台后的工作人员问我是否一切都好，而我说，"实际上，并不好。我等了好久都没等到服务，现在我没时间了。"

他很快说："哦，你应该上前找一下我们。你不该只是等着。如果你上前告诉我们，我们可能已经给你准备好了。"

"好吧，谢了。"我说。我没有说，"哦……你说得对。我写的书是关于承担责任和主动出击，而这是毫无疑问的。这是我的错。谢谢你告诉我。我应该上前引起你的注意。我不应该坐在我的电脑前让时间白白地流走。谢谢你给我的人生教训。我永远都会记住的：我确实要为自己的生活负责。"但我很想说。

当然，他是对的。我原本可以逮到一位服务员，可能本来就应该如此，但不管出于什么原因，我没有，而不管是谁的错，总之我没有得到服务。尽管我有可以指责之处，他的反应却无法让我产生信任感，我不相信下次再来时可以得到很好的款待。

不幸的是，这种交流太典型了。这位工作人员试图贬低顾客所说的话，然后斥责顾客做错了事情或者缺乏更好地了解。那就到此为止吧。

我想说些不那么好听的话，但我还是走了。就在此刻，另一位服务员注意到我要离开，而当她询问发生了什么事情时，我同样对她说了一遍。她说，"哦不！这太糟糕了。很对不起，让这种事情发生了。我们现在有点忙不过来，真气人。很抱歉我们忽略您了。"

忽然之间，我的心情大转。有人理解我的感受。我需要的仅此而已。这才是我愿意信任的人——这种客户服务体验才会让我愿意再次光临……只要之前的工作人员不在这里就好。

我明白为什么我们很难做到如此。我们经常过于关心自己，以至于不能花一些时间真正理解他人发生了什么事情，并使他们知道我们理解他们。我经常对领导者说，"当你觉得理解了你的手下或客户的时候，你并没有真正地理解他们。当他们明白你理解他们的时候，你才算真的理解了他们。"这时候你知道自己拥有了信任。

在与公司的合作中我经常承担一类项目，对此我是绝对热爱的。它涉及帮助公司提升机关办公室和项目现场某些部分之间的工作关系。无论是分支机构、零售点、特许经营店、诊所还是批发商，都是人际关系的事情，因而都取决于决定人际关系好或坏的动力。

我热爱这种类型的工作有几个原因，有些纯粹是出于理智和职业原因。它让我有机会彻底分析在这种结构类型之下的表现原理。而且，我热衷于研究人际关系如何从第四层次的关系和表现结果中创造或者转移出来。当和个别执行总裁合作时，我乐于看到这些团队建立团结统一的关系并超越自身的极限。这对我而言是一种激情。

在大多数人际关系问题中，故事都具有两面性。搞清楚问题的过程很引人入胜，而且看到带来切实的效果也令人心满意足——更多的收益，更多的好处，更多的参与，给人带来更好的文化和发展，等等。但是看到人际关系得到成长和深化，却更令人倍感充实和满足。正如我在全书中所讨论的，如果没有他人——深厚、紧密的关系，你真的无法取得这种持续的高成就表现。

在这种类型的项目中，当一切顺利时，项目现场办公室的工作人员在机关办公室中发展出更高的信任水平，因为他们认为自己得到了更好地理解。执行总裁或者其他高级领导者真正在倾听他们——比如在"聆听之旅"中——这种事实会引起一系列的反应,重新构建信任度。你会听到这样的话,"我信任你,因为你已经证明自己对我足够关心,真正在聆听和看清我的样子。"

所以只要倾听,倾听,再倾听吧。这是正确的出发点。比如:

- 一位丈夫终于倾听了妻子的痛苦、抱怨,以及他的行为对双方关系产生的后果。不再防御、贬低对方或者对她的痛苦轻描淡写,他开始真正理解对方了。
- 与其告诉一位青少年他如何做得不好,父母不如陪孩子坐下来,听他解释自己平常生活的真实情况,他在学校和社交圈子中要面对何种挑战,是什么样的快乐和挫折造成了这种局面。他们要先提问,然后倾听,而不要直接教训和提要求。
- 一个执行团队绕着公司走一圈,倾听每一位成员解释一个部门对其他部门造成的困扰,通常是当连他们自己都没意识到的时候,以及倾听他们的工作方式如何阻碍其他部门工作的开展。
- 一位领导者,不是只给出方向和指令,而是花时间去了解,完成她所要求的任务需要的一切相关条件。她倾听团队叙述对不同方法的支持和反对意见,展示她已经认识到实现她的目标需要满足的要求和风险。
- 公司代表同客户和其他股东坐在一起，倾听他们使用服务或产品的故事。但不仅如此，他们还要了解他们的生活态度，什么对他们而言比较重要，他们的纠结在于何处，以及他们最看重的是什么。

可以说，这些都是说到就做到的信任例子。实际上，只要多用点心去倾听，你甚至可能当选美国总统。还记得在1992年大选的时候，比尔·克林顿跑遍全国只做了倾听这件事情？他有一句台词："我能感受到你的痛苦。"撇开政治因素，这样做挺有效的。选民们觉得他理解他们的生活和价值观。他们紧密地连接在一起。对比非常明显，时任总统的乔治H.W.布什（George H. W. Bush）被选民提问1加仑（约3.79升）牛奶多少钱时，他不知道。尽管他可能完全与比尔·克林顿一样富于关爱和同情心，但这件小插曲让人们觉得他与民众太疏离了，他根本不理解平民百姓的生活。只从倾听和共鸣来看，选民们觉得克林顿更能理解他们。这种印象从未真正地褪去。

这种情况很常见。善良、有爱心的人们仅仅因为没有建立连接关系就被其他人误解。作为领导者、配偶、同事和父母，花点时间问问自己：如果我想和对方建立第四层次的关系，我是否让他们看到我真正在倾听他们、理解他们？并且，在你对别人投入信任之前，问问自己是否感觉到他们在倾听并且真正理解你的出发点。我很少对不能倾听的人投资，也不和他们一起投资。

意图或动机

无论何时，只要我们在遇到某人的时候——尤其是陌生的朋友，每天都见面的老板，甚至是家人——我们都会下意识地扫描对方的面部表情，阅读肢体语言，并通过评估对方的语气来确定此人是支持我们还是反对我们。人类就是如此。还记得那种"要么战斗要么逃跑"的本能么？信任就是对这种本能进行止痒的良药。如果我们认为某人和我们是一起的，我们就会认定他们所说的和所做的都是为了帮助我们。

当我们找到貌似真正理解我们的人时，下一步就要了解他们的动机。是什么驱使他们进入这种关系？他们进来只是为了自己的利益，还是同时也关心我们？当我们知道他们的动机是善良的时候，即使有时候可能要他们付出代价，他们也还是会为我们好，我们就会信任这样的人。良好的人际关系建立在信任的基石之上：我知道你想把最美好的东西留给我，所以我信任你。

我们倾向于根据人们的动机好坏来思考问题——要么赞同我们，要么反对我们——但是在很多时候，人们对我们的态度只是中立的。基本上他们只是单纯地关注自己。这本身没有任何问题，但是当我们指望将自身投入一段人际关系时，中立态度远远不够。我们需要被我们信任的人不仅仅只是中立。我们需要他们成为我们的同盟、拥护者和帮手。第四层次要求的不仅仅是中立或简单的公平：它要求我们以比中立态度更好的方式对待彼此。它意味着我们对待彼此的方式要表明我们是为了彼此更好。

根据这条黄金法则，我们要以自己希望被人对待的方式来对待他人。当别人对我们好或者表现很好时，我们很容易对他好，但这只是中立和公平的态度。黑手党就是如此。我们希望我们所信任的人站在我们身边并帮助我们，即使我们有负所望，犯下错误，或者放弃。公平地说，他们可以伤害我们，以眼还眼，但是第四层次的人会问，"出什么事了？需要我怎样帮忙？"在第四层次里，在任何一天中，我们回馈的总要比得到的更好，即使我们本身没有任何好处。我们还是会把最好的东西留给他们。

当我们感觉有人希望给我们最好的东西时，我们就会在他们身上进行投入。我们信任他们。如果你感觉有位医生关心你的健康甚于你的钞票，你就会花钱购买这位医生的指导。我最近给一家健康护理公司做了一次咨询，他们会给没有参加定期检查的人们打电话——因为他们的使命是保持人们的健康。但是，我也遇到过一些健康护理系统，他们只是受利益驱动而打电话给病人提醒预约。我能明显感觉到他们动机的不同。我更欣赏第一种——顺便说一下，那家公司的利润非常好。人们信任它，愿意把健康长期托付给它，因为他们觉得它关心客户。

我最近主导了一家技术公司执行团队的放松活动。我让每个人给团队打分，评价他们觉得团队中其余人对他们的支持程度如何，对他们的部门支持度如何，对他们的利益支持度如何。

总共有七个成员，而所有人都给团队打出 4 或 5 分（量表分数从 1 至 5）——只有一人例外。他给团队打 1 分。天啊。这是个大问题。他们最重要的成员之一对团队失去了信任。他感觉其他人完全没有兴趣帮助他成功。如果我们没有发现这个，他的不满情绪就会恶化。为了前进，他们必须进行弥补。

你的公司支持你吗？如果你是领导者，你的员工知道你支持他们吗？你的孩子们呢？你的配偶呢？我假定你的回答是肯定的，但是如果你想让信任繁荣壮大，你就必须确保他们也知道这一点。

能力

人很容易陷入信任所带来的良好感觉，但是缺乏相应能力的信任也是不够的。

有些人可能对你产生极大的同情和共鸣，还有纯粹的动机，但是只有在此人有能力帮助你完成目标时，你才能信任此人。当你摔断了腿后，朋友可以帮你抖松身后的靠枕，但你不会请求一位没有受过医学训练的朋友给你做外科手术。你会找一位骨科医生。

询问其他人的能力不应该被视为一种贬低。它并非针对个人。事实上，它是力量的象征，表明团队对成员们有足够的信任，可以互相询问是否具有开发新产品或者提出新思路所必备的能力。当我遇到的团队或者个人领导者具有能让这种对话发生的人际关系时，我会非常振奋。他们可以诚实地询问彼此的能力，以保证在启动项目之前具备相应的能力。你可以对市场部门说，"以你们现有的资源，我不觉得你们有能力启动这个新项目。请帮我解释一下。"这是真正的第四层次的交流方式，不是一种侮辱。

毕竟，重点在于真正履行我们打算为某人做的事情，对不对？无论是你的事业、婚姻还是你作为父母的角色，为什么你不去拥有最好的成功机会？如果你接受了这种成长心态，自然而然就可以询问彼此是否拥有顺利开展所必需的一切——并且要相信，你的第四层次关系的伙伴也会期待这种坦率。

通常情况下，当人们开始一项新的事业或者不以赢利为目标的任务时，倾向于同了解和喜欢的人合作。这没有什么问题，只要他们也拥有所需要的技能。所以，不要只问人们有多好，还要问他们是否具备这段关系中所要求的能力。

能力是信任的关键。我们想知道我们的飞行员以前是否飞过。我们想知道我们的外科医生是否主刀过，病人是否会醒来。我们想知道基金经理可以给资产带来收益。否则我们根本不是在信任别人；我们在赌运气。如同之前提到过的，信任是一种别人可以传递的"自信的期望"。能力驱动信任中所包含的这种期望和自信。

性格

我非常惊讶，人们是多么容易忽略性格的重要性——而且没有真正掌握它的全部含义。在对人进行评价方面，词典对这个词的定义甚至比我们做得更彻底。韦氏词典网站（Merriam-Webster.com）这样定义性格："人们思考、感受和行为的方式——人的个性。"

我们经常把性格和道德角度严格对应：这个人诚实而合乎道义吗？但是性格远比一个人是否会撒谎、欺骗或者行窃具有更多内涵。这些不过是"符合基本要求的"性格特征。任何不诚实或者试图欺骗或者行窃的人，根本就不值得信任。离他们远一些，双手握紧钱包和自己的心。这是最基本的。

我所说的是超越诚实和道义的其他性格特征：乐观还是悲观？主动还是被动？遇到困难时能否坚持不懈并解决问题？与你的要求相比，他是不是太软弱了？太强硬了？太僵化了？太任性了？是不是会因恐惧失败而失去勇气？有同情心吗？善良吗？脆弱吗？有趣吗？有韧性吗？宽容吗？我们可以一直列举下去。

但要注意一点。一个人可能拥有迄今为止我们关于信任所讨论过的一切。他或她可能善解人意，拥有良好的动机，具有高超的能力，却缺少你的具体情况下所需要的一种基本性格特征，从而无法获得你的信任。比如，如果此人需要大量的肯定和积极反馈，然而你却要求他接管一个烂摊子并扭转局面。一时之间是不太可能有大量好消息传来的。如果有人只靠积极成果来成长，他就不太可能拥有扭转局面所需要的忍耐力。他是个好人，但他的性格（不是道德，而是他的总体特点）并不适合这个特定的工作。

你在组织中的等级越高，性格和情商的问题就变得越重要。研究和《华尔街日报》首页的每日头条都证实了这一点。领导能力达到某个水平，每个人都很聪明，经验丰富，而且能力高超；这些特征已经不再是重大区别要素。个人性格才是重大的区别要素。重要的是领导者的情绪、认知和人际交往能力——不只是他们能做什么，而是他们怎么做。性格决定他们能否鼓励他人来信任他们。

"业绩"记录

人们的头脑要为适应这个世界而绘制地图。我们的头脑一直都在构建图式——示意图或地图——由此我们知道下一步该做什么。这些思想地图就像真正的地图一样，帮助我们给人际关系导航，对接收的信息进行分类，制定决策，并确定精力分配的优先次序。它们也告诉我们可以期望的是什么。

当头脑决定我们是否可以信任一个人的时候，也是同样的过程。每个人对他人的期望都有一幅思想地图：来自上一次的印象。"上一次我要求你现身给我想要的东西，你做到了。所以我觉得顺着那条路走下去没问题。"

除非你没有做到。那么当你接近信任的十字路口时，思想地图就会显示大量红旗和停止标志。我们经常看到这样的警示标志，但常常忽略这些障碍信号。我们经常被告知，对人们要作无罪推定，这是一种高尚的想法。但是，如果那条路我们以前和某人走过，知道它坑坑洼洼而且充满了死亡拐弯，那么如果我们还和他们一起开车上路就只能怪自己了。在你那样做之前，问问自己，"这次会有什么不同呢？这次必须做出什么改变才能让我信任此人呢？"当然，情有可原的具体情况有时候会介入其中。每个人都有不在状态的时候，或者经受危机从而可能暂时地限制了发挥。问题总是有的。看一个人的"业绩"记录要有长远考虑，不要妄下结论。不要只看近期表现，而要从广阔的视角来确定你面对的是否只是一个小小的波动，但从其他方面来看都是优秀的记录。"上一次"图式更多的是关于所有的记录而不是一次异常。

　　记住，过去是未来最好的预言家，除非有新鲜而不同的东西出现。如果"业绩"记录一直很差，而你在考虑信任某人，那么走出这一步之前要有很好的理由。如果你想相信他现在会对你很好，看看他是否参加了一年的愤怒管理培训班呢？如果你要信任他来领导你，但他过去的领导能力很差，那他是否参加过领导能力的辅导呢？如果你要信任她成为你的知己并帮助你度过艰难时光，那你过去向她吐露心声寻求鼓励的时候她是怎么反应的呢？上一次你对她吐露心扉的时候，结果如何？她是仔细倾听，还是第一反应就是你的问题呢？或者她直接忽略然后切换话题，无法处理更痛苦的事情呢？如果过去一直如此，那么这次又有什么不一样的地方呢？

　　那么，你应该信任谁？这要视情况而定！以后在决定相信谁的时候，不要害怕质疑你的第一反应。正如他们在华尔街（至少他们应该注意！）和所有证券广告上所说的，投资者须谨慎！

结　　语

我和一位成就很多、非常要强而且很有战斗力的领导者有过一次非常有趣的交流。我一直很崇拜他的成就。我们在一个项目上共事，而他提到一个很特别的工作习惯，他会记录几乎每一个有关于工作的想法，并在日记本上形成非常复杂的排列矩阵。随身携带一个本子，有好想法的时候草草地记录下来，这本身没什么问题。但是这次比较夸张，它有点过头了。他说，"我觉得部分原因在于我的焦虑性障碍。"

我仔细询问详情，然后他告诉我，他一直在和严重的焦虑症做斗争，依靠若干技巧和习惯使它得以控制。在我聆听的时候，我忍不住感动了，这得耗费多大的努力，而且控制这种病情对他而言一定非常痛苦。我同样忍不住地惊叹，如果他不需要做这些，他的生活和工作一定更加辉煌。作为心理学家，我有话要说。

"那么……我只是好奇。你知道的，你所经历的病情是可以治疗的。焦虑症是可以解决的。你真的不必忍受这些痛苦，"我说。"为什么你不寻求一些帮助呢？"

"我可以求助,"他说,"但我害怕这样做。"

"害怕什么呢?"我问。

"害怕我不再那么有战斗力,"他说,"我一直认为,我的焦虑可能不对或者无效,但却是让我如此擅长做好手头事情的原因。我总是确认,并且双重地保证,一切都考虑在内,没有任何差错。我觉得如果我不产生焦虑,我会遗忘很多事情,然后结果就会不一样了。"

"哇!"我说,"没有焦虑症的人可真是一事无成啊。"我是在开玩笑——有一点点,事实并非如此。但他不是很明白。

"我不知道,"他说,"我害怕如果我没有焦虑,我就不会有现在的表现水准。"

难以置信,我心想。以前我也多次在不同场合听过某种类似的解释。比如,经常是当我在谈论领导者性格、情商和关系问题如何影响结果的时候,我总是接到这样的提问:"你说人际关系的能力对领导能力和取得成效以及获得成功而言,非常重要。但是,像史蒂夫·乔布斯这样的人是怎么回事呢?他很成功,但他在某些方面也很难相处啊。你怎么解释这个呢?看起来正是咄咄逼人、独断专行的行为才能让某些人如此成功啊。最成功的人总是这些混蛋。"

或者看看这封邮件,是我最近从一位著名的新闻评论员那里收到的,在她的报道中,总是出现有权势而又成功的人,如她所说的"并非好人"。她发给我一篇文章的链接,得出结论说"刻薄"的人和"混蛋"比"好人"在各个领域更成功,如商业、娱乐业以及其他领域。她对这篇文章的评论如下:"真是令人灰心丧气。你同意这个观点吗?根据我的经历,我都要开始相信了。"

这两个例子都强调了同一个错误的假设:具有功能障碍的东西有助于成功——这种神话。你可能也听说过这样的评论:"他真是个混蛋,但我想正是这样才成就了他。"或者还有更甚:"如果我工作上更像个悍妇一些,可能都在管理这家公司了。"

相信我。这两种说法都不对。做一个混蛋,或者自恋狂,或者患有迫使人重复检查一切的焦虑症——这些都不是导致巨大成功的人格特质。记住,还有极多不成功的混蛋、自恋狂、尖叫的奇葩,以及患有焦虑症的人。而且还有很多非常有战斗力、非常成功的人完全没有这些疾病。

真相在于,史蒂夫·乔布斯之所以成功,是因为他不可思议的才华、头脑、远见、营销能力、设计能力、魅力和首创精神。他坚定而自信,具有源源不断的创造力,而且他毫不犹豫地发挥人们的极限并突破它。这些全是促使他成功的积极属性。

混蛋行为只会起阻挠作用,除非你认为被解雇、众叛亲离以及偶尔营造有害的环境是创造苹果手机的秘诀。并非暴虐、跋扈的行为才能让一切顺利运转。尽管受其所害,苹果公司仍然正常运转,也许没有它苹果公司还能更加出色。如果他从未被解雇呢?如果他没有如此难相处,公司的成就又会如何呢?

记住这些话:好人不一定是最后一名,而混蛋也不一定是第一名。表现好的人得第一,而假如他们是伟大的好人,他们会做得更好。

正如研究所确定的一样，带来出色表现的品质只会在良好的人际关系中得以提升。反过来也是如此：在有功能障碍的人际关系中，带来出色表现的品质要么受到限制，要么被削弱。在《齐心协力：为什么伟大的合作关系能够成功》(*Working Together: Why Great Partnerships Succeed*，HarperCollins, 2010)一书中，曾任迪士尼公司执行总裁迈克尔·艾斯纳（Michael Eisner）如此追忆他的长期商业合作伙伴：

> 我们携手走向事业生涯中最严峻的挑战。在下个十年里，那段旅程应该是我俩都不敢想象的激动人心、令人愉快、回报丰厚和欢欣鼓舞。从那年秋天我们在办公室的第一天开始，我和弗兰克·威尔斯（Frank Wells）的合作就让我体会到，和一个不仅仅保护公司而且还会保护我、给我提建议、支持我并且完全无私地完成这一切的人合作是一种什么感觉。我认为我也是这样对待弗兰克，这样对待公司的。我们一起成长，一起学习，并且一起发现如何把过去的一个小生意做成一个非常伟大的事业。我们学到了，1加上1远远要大于2。我们学到了，合作带来的回报是多么丰厚。

我热爱这些词语：保护、建议、支持、无私、成长、学习、发现、回报。你的生活、表现、健康、幸福以及几乎你所重视的一切都取决于他人推上台面的力量。这是很严肃的问题。混蛋是不会拥有这些的。

不要害怕第四层次的健康。通过伟大的人际关系得到支持、挑战并成长为最好的你，这不会破坏你的成功，只会促进成功。做他人的成长促进者，只会提升他们的生活和你的生活。最终，只有第四层次的人屹立不倒。其他人会倒下，失败或凋零。

我们都有必要寻求并建立第四层次的人们所体现的那种关系，并让自身成为那种关系的连接者：

- 支持的关系
- 给予自由的关系
- 需要责任感的关系
- 从失败中拔除毒牙并获得学习的关系
- 挑战和推动的关系
- 构建结构的关系
- 团结而不分裂的关系
- 值得信赖的关系

在你的日常生活中——与同事相处，假日和全家玩耍，与朋友聚餐或者和爱人散步时，不要害怕去检查你内心的GPS系统（全球定位系统），看看事情进展如何。你是什么状态？你是在第一层次孤单寂寞呢？还是在第二层次自暴自弃？还是在第三层次感受转瞬即逝的兴奋战栗？还是在第四层次感受到被人保护、有人忠告、有人支持并且颇有回报？你在哪个层次？和你在同一个层次的人是谁?

　　这些问题的答案将会决定你是否能够超越现有的极限,甚至直接通往你的梦想。我希望你找到第四层次,尽可能地住在那里,完成并超越你最狂野的梦想。

致 谢

有时候人家问我:"你写一本书要花多少时间?"我一般会说:"构思一本书需要耗费多年……然后我还得把它写出来。"本书的写作过程尤其如此,也许比我以前任何一本书更甚。如果我真要感谢帮助我完成本书的人,那么在我的生命中,从小时候开始,多年以来帮助我、治愈我、教育我、支持我和拯救我的所有人,我都可以列上。所以我不打算把"多年构思"时间内所有影响过我的那些人都列上,只感谢去年在我"写出来"的那个阶段起关键作用的少数人。这些"他人"(从亲友到教练、导师、老师和治疗者)知道我说的是谁……而且我确实对他们心存感激。

在写作过程中,我必须感谢我的出版人霍利斯·海姆鲍齐,是她真正帮助我把这些构思最终变成纸上的文字。她付出了异乎寻常的努力,帮助我下载几十年的工作心得,然后理清思绪,并把它们整合成我希望能对你们(读者)有益的形式。霍利斯,多谢了。还要谢谢哈柏出版社的斯蒂芬尼,她一直在推动事情的进展。

也要谢谢我的代理人，杜普利·米勒公司的简·米勒和香农·米瑟·马文，是你们帮忙贯通了从一个构思到出版发行的全过程。能和你们这些世界一流的文稿代理人合作，我一直倍感荣幸。你们太棒了。

还要谢谢我的直接团队，当我"埋头写作"的时候，是你们维持着我们的其他工作正常运转。你们去年的工作太出色了，是你们把这些概念传播在社交媒体和其他平台，从而尽可能地帮助更多的人。詹妮弗、莱克茜、杰森、吉娜和格雷格，谢谢你们。

还有 CTR 的成员，你们不知疲倦地把自己奉献给别人的生命：莫林、丽萨、克里斯汀、约迪和帕蒂。

然后，一如既往，感谢我的亲朋好友。是你们成就了我现在的生活。

关于作者

亨利·克劳德博士是一位颇受好评的领导力专家、心理学家和《纽约时报》的畅销书作者,作品销量过千万。他的领导能力指导书《正直》被《纽约时报》授予"出类拔萃的精品";他的《领导者的边界》被《执行总裁阅读》(CEO Reads)提名为年度最佳五本领导力书籍之一;而且在 2014 年,《成功杂志》(Success Magazine)提名克劳德博士为个人成长和发展领域最具影响力的 25 位领导者之一。他的作品常见于美国有线电视新闻网络、福克斯新闻频道,以及其他媒体。

克劳德博士拥有 30 年以上的管理培训和领导能力咨询经历,大部分时间都投身于提升业绩表现、领导能力和企业文化,经常服务于《财富》500 强公司及规模较小的类似私人企业。作为企业家,他创立并发展了一家成功的连锁治疗中心,遍及美国西部 40 多个城市;而且作为有造诣的演说家,他与商业和全球领袖共享舞台,包括托尼·布莱尔(Tony Blair)、杰克·韦尔奇(Jack Welch)、康多莉扎·赖斯(Condoleezza Rice)、德斯蒙德·图图(Desmond Tutu)、马库斯·白金汉(Marcus

Buckingham），等等。

他是南卫理公会大学（Southern Methodist University）的毕业生，并获心理系理学学士学位。他在拜欧拉大学（Biola University）获得临床心理学博士学位，并在洛杉矶县精神卫生部门完成临床实习。他的慈善兴趣在于帮助内城区的无家可归者，以及促进发展中国家的发展。他和妻子多莉以及两个女儿奥利维亚和露西住在洛杉矶。

人际沟通

《他人的力量：如何寻求受益一生的人际关系》
作者：[美] 亨利·克劳德 译者：邹东

畅销书《过犹不及》作者、心理学博士和领导力专家亨利·克劳德新作，书中提出一个科学理念：人们若想抵达更高层次，实现理想的生活状态，百分之百需要依靠人际关系——你相信谁，你如何与人相处，你从他人身上学到什么。

《学会沟通：全面沟通技能手册》（原书第4版）
作者：[美] 马修·麦凯 等 译者：王正林

一本书掌握全场景沟通技能，用心理学原理破解沟通难题，用"好好说话"取代"无效沟通"。

《你为什么不道歉》
作者：[美] 哈丽特·勒纳 译者：毕崇毅

道歉是一种重要的人际沟通方式、情感疗愈方式、问题解决方式。美国备受尊敬的女性心理学家20多年深入研究，教会我们善用道歉修复和巩固人际关系。中国知名心理学家张海音、施琪嘉、李孟潮、张沛超联袂推荐。

《自信表达：如何在沟通中从容做自己》
作者：[加] 兰迪·帕特森 译者：方旭燕 张媛

沟通效率最高的表达方式；兼具科学性和操作性的自信表达训练手册；有效逆转沟通中的不平等局面，展现更真实的自己。

《人际关系：职业发展与个人成功心理学》（原书第10版）
作者：[美] 安德鲁·J.杜布林 译者：姚翔 陆昌勤 等

畅销美国30年的人际关系书；最受美国大学生欢迎的人际关系课；美国著名心理学家、人际关系专家安德鲁·J.杜布林将帮你有效提升工作场所和生活中的人际关系质量。

更多>>>

《给人好印象的秘诀：如何让别人信任你、喜欢你、帮助你》 作者：[美] 海蒂·格兰特·霍尔沃森
《杠杆说服力：52个渗透潜意识的心理影响法则》 作者：[美] 凯文·霍根

积 极 人 生

《大脑幸福密码：脑科学新知带给我们平静、自信、满足》
作者：[美]里克·汉森 译者：杨宁 等

里克·汉森博士融合脑神经科学、积极心理学与进化生物学的跨界研究和实证表明：你所关注的东西便是你大脑的塑造者。如果你持续地让思维驻留于一些好的、积极的事件和体验，比如开心的感觉、身体上的愉悦、良好的品质等，那么久而久之，你的大脑就会被塑造成既坚定有力、复原力强，又积极乐观的大脑。

《理解人性》
作者：[奥]阿尔弗雷德·阿德勒 译者：王俊兰

"自我启发之父"阿德勒逝世80周年焕新完整译本，名家导读。阿德勒给焦虑都市人的13堂人性课，不论你处在什么年龄、什么阶段，人性科学都是一门必修课，理解人性能使我们得到更好、更成熟的心理发展。

《盔甲骑士：为自己出征》
作者：[美]罗伯特·费希尔 译者：温旻

从前有一位骑士，身披闪耀的盔甲，随时准备去铲除作恶多端的恶龙，拯救遇难的美丽少女……但久而久之，某天骑士蓦然惊觉生锈的盔甲已成为自我的累赘。从此，骑士开始了解脱盔甲，寻找自我的征程。

《成为更好的自己：许燕人格心理学30讲》
作者：许燕

北京师范大学心理学部许燕教授30年人格研究精华提炼，破译人格密码。心理学通识课，自我成长方法论。认识自我，了解自我，理解他人，塑造健康人格，展示人格力量，获得更佳成就。

《寻找内在的自我：马斯洛谈幸福》
作者：[美]亚伯拉罕·马斯洛 等 译者：张登浩

豆瓣评分8.6，110个豆列推荐；人本主义心理学先驱马斯洛生前唯一未出版作品；重新认识幸福，支持儿童成长，促进亲密感，感受挚爱的存在。

更多>>>
《抗逆力养成指南：如何突破逆境，成为更强大的自己》 作者：[美]阿尔·西伯特
《理解生活》 作者：[美]阿尔弗雷德·阿德勒
《学会幸福：人生的10个基本问题》 作者：陈赛 主编